JN091610

DEKIRU
05
MARKETING **Bible**

ネット広告クリエイティブ

"打ち手"
大全

広告運用者が知るべきバナー&LP制作
最強の戦略 777

インプレス

ネット広告

クリエイティブ

"打 ち 手"

大全

まえがき

　2018年4月に発売した書籍『ネット広告運用"打ち手"大全』(以下、前書) は、本書を執筆している2022年に至るまで度々重版を繰り返し、デジタルマーケティング業界の多くのみなさんにお読みいただくことができました。私はその共著者のひとりとしてディスプレイ広告の章を担当し、AI (機械学習) による「自動入札」の有効性と活用法について解説しました。

　前書の発売から4年以上が経過し、ネット広告における自動入札の活用は、業界の一般常識となりました。その結果、広告運用者が入札額などを細かく調整する必要はなくなり、Google広告などの管理画面でやれることが少なくなる状況を生んでいます。

　一方で重要さを増しているのが、広告のバナー画像や、広告の遷移先となるランディングページ (LP) といった「クリエイティブ」です。ネット広告の成果を大きく左右するのは、管理画面での設定の巧拙ではなく、バナーやLPのコピーと構成要素、デザインといったクリエイティブの出来不出来へと移り変わってきているのです。

　現在では「Googleオプティマイズ」に代表される無料のA/Bテストツールが登場したことで、誰でも簡単にLPのテストを実施できる環境が整っています。クラウドソーシングの普及により、高クオリティのバナーを安価に作成するハードルも下がりました。「広告運用者がバナーやLPも運用する時代」「サイト制作者が広告運用もセットで行う時代」が、目の前に迫ってきていることを実感します。

　本書はこうした業界動向を踏まえ、ネット広告におけるコピーライティング、バナーやLPの要素出しと構成の検討、テストについて、成果に直結する"打ち手"を具体例とともに余すところなく紹介します。すでにクリエイティブの重要性を実感している広告運用者の方々はもちろん、運用者からバナーやLPの作成を受注する立場にあるサイト制作者やWebデザイナーのみなさんも、本書をご活用いただければ幸いです。

2022年10月　辻井 良太

目 次

chapter 3

バナー

デザインは重要。 ・・・・・・・ 75
でも成果はもっと重要

バナー＆LP事例集

本書では、GoogleやFacebookをはじめとしたネット広告の媒体で配信する運用型広告のうち、ディスプレイ広告のクリエイティブとなるバナー（主に静止画）と、その広告の遷移先となるランディングページ（LP）の作成・運用ノウハウについて解説していきます。

この事例集には、本書に見本やサンプルとして登場するバナーとLPをフルカラーで掲載しました。バナーはChapter 2〜3で解説する「キャッチコピーの6つの型」と「バナー構成の5つの型」のうち、どの型を採用しているかも明記しているので、本文中の解説とあわせて参照してください。

なお、バナーはWebメディア「できるネット」の記事から参照することもできます。以下のURLまたは二次元バーコードからアクセスしてください。

https://dekiru.net/netadcreative

バナー事例: 食 品

（1） 率直な感想と写真 で商品価値を伝える

キャッチコピー		バナー構成
共感型	×	UI/UX型

（2） ターゲットの心の声を 読ませる広告 に

キャッチコピー		バナー構成
感情移入型	×	テキスト型

（3） ママ層 を狙ったキャッチコピーで推す

キャッチコピー		バナー構成
ターゲット絞込型	×	キャッチコピー型

（4） ポピュラーな 他の食品との対比 で見せる

キャッチコピー		バナー構成
比較型	×	比較型

求　人

（5）　対象を明確に絞った コピーでアピール

キャッチコピー

ターゲット絞込型

×

バナー構成

キャッチコピー型

（6）　チラシのような 表現で「急募」を訴求

キャッチコピー

リアルイメージ型

×

バナー構成

テキスト型

（7）　転職検討層の背中を **クチコミの力で押す**

```
転職後の年収
100万円
上がるなんて
```

30代からの転職サイト
大全エージェント　　　　求人一覧を見る ＞

キャッチコピー
共感型
×
バナー構成
クチコミ型

（8）　**感情を込めて** ターゲットの気持ちを表現

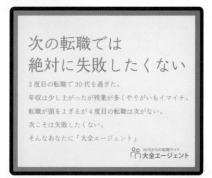

```
次の転職では
絶対に失敗したくない

3度目の転職で30代を過ぎた。
年収は少し上がったが残業が多くやりがいもイマイチ。
転職が頭をよぎるが4度目の転職は次がない。
次こそは失敗したくない。
そんなあなたに「大全エージェント」
```

30代からの転職サイト
大全エージェント

キャッチコピー
感情移入型
×
バナー構成
テキスト型

（9） 商品を 利用する瞬間 をリアルに切り取る

キャッチコピー

リアルイメージ型 × **バナー構成** UI/UX型

（10） 年齢層を限定 したコピーで呼びかける

キャッチコピー

ターゲット絞込型 × **バナー構成** キャッチコピー型

（11）ユーザーの 写真と心理表現 で共感を誘う

キャッチコピー
感情移入型 × バナー構成 クチコミ型

（12） 潜在的な悩み を信頼感のある説明で突く

キャッチコピー
指摘型 × バナー構成 テキスト型

バナー事例： 脱　毛

（13）ニーズが顕在化している層を着実に獲得

キャッチコピー リアルイメージ型 × **バナー構成** キャッチコピー型

（14）コピーと写真で解決したい悩みを指摘

キャッチコピー 指摘型 × **バナー構成** UI/UX型

（15）身近な料金比較を **手書きのクチコミに**

キャッチコピー
比較型

×

バナー構成
クチコミ型

（16）10代に絞った限定訴求を **チラシ風に表現**

キャッチコピー
ターゲット絞込型

×

バナー構成
テキスト型

バナー事例： 金 融

（17） 手軽さと投資の **ギャップ** をコピーで強調

キャッチコピー		バナー構成
リアルイメージ型	✕	キャッチコピー型

（18） 投資に興味がある層を **クチコミで動かす**

キャッチコピー		バナー構成
共感型	✕	クチコミ型

（**19**） 狭いスペースでも 一瞬で対比 を伝える

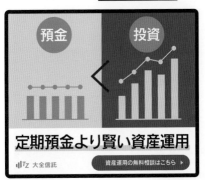

キャッチコピー
比較型

×

バナー構成
比較型

（**20**） 分かりやすいオファーで 顕在層を即行動

キャッチコピー
リアルイメージ型

×

バナー構成
テキスト型

バナー事例: # 不動産

（21）定番の比較でターゲットの 課題感を刺激

キャッチコピー
比 較 型
×
バナー構成
比 較 型

（22） 理想の生活を提案 して顕在層を狙い撃ち

キャッチコピー
リアルイメージ型
×
バナー構成
UI/UX型

（23） 強い言葉 を生かしたコピーで行動を促す

キャッチコピー
指摘型 × **バナー構成** キャッチコピー型

（24） 広告的な 嫌みのない雰囲気 で興味を引く

キャッチコピー
共感型 × **バナー構成** クチコミ型

ＬＰ事例

ファーストビュー

BASE FOOD

糖質30%OFFで、
**1食に必要な栄養素が
すべてとれる。**※1

GOOD DESIGN
料理王国100選

バナーから遷移し
たユーザーの誰も
が閲覧する、最も
重要な構成要素。
キャッチコピーと
魅力的な商品写真
を配置するのが王
道。

ファーストビューの実証

BASE BREAD®の栄養素

1食2袋あたりの推奨摂取量との
各栄養素比較 ※

0　　100　　　　　対基準値（%）

たんぱく質
脂質
飽和脂肪酸
n-3系脂肪酸
n-6系脂肪酸
炭水化物
食物繊維
ナトリウム
亜鉛
カリウム
カルシウム
クロム
セレン
鉄
銅
マグネシウム
マンガン
モリブデン
ヨウ素
リン
ナイアシン
パントテン酸
ビオチン
ビタミンA
ビタミンB1
ビタミンB2
ビタミンB6
ビタミンB12
ビタミンC

ファーストビュー
（FV）の次に見える
「セカンドビュー」。
FVで提示したコ
ピーと商品の価値
を結びつけるよう
な内容が効果的。

LP事例も食品のバナー事例と同じく、ベースフード株式会社の協力のもと実際にLPとして公開したものを掲載しています。

プロテインと併用することで、
約53g のたんぱく質が
摂取できる！

プロテイン 1杯※1	プロテイン 1杯 + BASE BREAD®
たんぱく質 約 **26g**	たんぱく質 約 **53g**

さらに、BASE FOOD ® に含まれるビタミンB6 が、たんぱく質の働きを助け、効率のよい吸収をサポートします。

（27）比較・併用

コピーやバナーでも有効な比較のコンテンツ。比較ができない場合でも、他の何かとの併用を提案することで納得感が生まれる。

（28）権威・実績

医学専門家も推薦

TAIZEN大学
医学部 准教授

打手 大全

TAIZEN病院で医師として勤務した後、TAIZEN会社を経て、TAIZEN大学で修士号と博士号を取得。20XX年より現職。

白米の食べすぎと塩分のとりすぎは日本人の不健康の二大要因ですが、BASE FOOD ® はからだにいいと証明されている全粒穀物を使用しています。その全粒粉に加え、昆布や大豆など栄養価の高い原材料 がブレンドされたBASE FOOD ® は、栄養バランスもととのっており、からだにいい主食だと考えられます。

著名人や専門家のコメント、受賞歴といった「お墨付き」は思った以上の効果がある。取得は大変だが重要度の高い構成要素。

(29) 安心のクチコミ

お客様の声

腹持ちもかなりよく、罪悪感のない間食としておすすめです。

朝ごはんを食べる時間がなく、コンビニで買ってデスクで食べることが多かったのですが、なんとなくわるいものを食べている罪悪感がありました。BASE FOOD®は、パンなのに栄養がとれることに惹かれて買ってみました。腹持ちがかなりよく、ビタミンがちゃんととれているからか、食べ始めてから美容の悩みが減りました。時間がなくても、ちゃんとしたものを食べている安心感があ

購入前にレビューを見るのが当たり前の時代、お客さまの声はLPに必須。Instagramなど、SNSの投稿をそのまま埋め込むのも良い。

(30) クロージング

まずはおためし **16袋** セット

通常価格 ¥3,840（送料・税込）

20%OFF **¥3,172** （送料・税込）

当サイトでのご購入が、送料含め最もお得です。

【Amazon Pay対応】30秒で購入 ∨

購入に向けた最後のひと押し。ボタンの文言を変更するだけでも効果が期待できるので、A/Bテストで検証してみることをおすすめしたい。

Chapter

1

前提と方針

アフター自動入札における広告運用

1

これから注力すべきは
クリエイティブ一択！

広告管理画面の設定では差がつきづらい時代に

> ネット広告運用は、機械学習（AI）によって実現された自動入札の登場によって大きく変わりました。そのような中、私たち広告運用者が切磋琢磨すべき領域はクリエイティブです。その理由を紹介しましょう。

入札とターゲティングはAIが優位に

　ネット広告の成果を決める3つの要素と聞いて、何を思い浮かべるでしょうか？　これらは一般に以下の3つといわれています。

- 入札
- ターゲティング
- クリエイティブ

　このうち、入札とターゲティングについては、GoogleやFacebookをはじめとした広告媒体が機能として持つ「機械学習」[※1]の進化によって、その精度が年々高まっています。これは、人間が手動で運用するよりも、機械学習に任せたほうが成果が高くなりやすい、ということです。

　入札とターゲティングは、現在でも手動で調整することは可能です。しかし、機械学習による「自動入札」[※2]を上回る運用成果を出すことは、年々難しくなりつつあります。

※1　機械学習
コンピューター（機械）がデータから反復的に学習し、その背景にあるルールやパターンを発見することで、以降の予測・判断に役立てる手法のこと。

※2　自動入札
ネット広告においては、運用者があらかじめ設定したビジネス目標（目標コンバージョン単価／コンバージョン数の最大化など）を達成するように、機械学習が入札単価などを自動的に調整して広告配信を行うこと。

クリエイティブはまだまだ人間が勝てる領域

　自動入札が人間を上回るのであれば、広告運用者が誰であっても、等しく成果が上がることになってしまいます。つまり、広告媒体の管理画面で設定をチューニングするスキルだけを磨いても、競合他社を出し抜くことは難しいということになります。

　では、これから運用者は何に注力すればいいのでしょうか? そこで本書のテーマであるクリエイティブが関係します。

　本書では、ネット広告のクリエイティブについて「コピーライティング」と「バナー」、そして「ランディングページ」(LP) の3つに分けて考えます。このうちのバナーについては、テキストや画像を自動的に組み合わせて生成する機能が登場しており、これはこれで便利です。しかし、成果が出るクリエイティブを「新規に」生み出す点では、人間のほうが依然として優れています。

　また、広告のキャッチコピーを機械学習がゼロから作成したり、LPを自動的に制作したりすることも、本書執筆時点では実現されていません。これが、今後の運用者はクリエイティブにこそ注力すべきと、筆者が考える理由です。(辻井)

自動入札が常識になった今、
人の手によるクリエイティブの
重要性が高まっているよ

> **まとめ**
>
> これからのネット広告運用は、クリエイティブによって競合他社との成果に差がつきます。本書では、より成果を上げるための具体的な方法を解説していきます。

2

新しい仮説は
機械学習には作れない

人間ならではの強みを掛け合わせることを意識する

AIは進化が著しく、その得意分野において人間が勝てる余地はありません。しかし、AIにも不得意な分野があります。過去のデータからは見えない仮説を生み出すことが、人間である広告運用者の役割です。

機械学習は過去のデータからの予測が得意

　広告媒体が持つ機械学習の精度は、2018年ごろから飛躍的に向上しました。そして、GoogleやFacebookは、本書を執筆している2022年現在でも、AI分野への大規模な投資を続けています。

　そのため、将来的には「成果が出るクリエイティブ」が機械学習によって作成され、広告運用自体が完全に自動化される時代が来るのかもしれません。それはそれでうれしいことだとは思います。

　しかし筆者は、クリエイティブの作成においては、機械学習では実現できない領域があると考えています。機械学習は過去のデータをもとに未来を予測することは得意ですが、まったく新しい仮説を立てることは、少なくとも現時点では不得意だからです。

　例えば、25〜34歳・女性をターゲットとして配信したバナー広告で、高い実績が出たとします。広告運用者から「コンバージョン[※1]をより多く獲得せよ」という指示を出されたAIは、同じ25〜34歳・女性への広告配信を強化し、その他のターゲットへの広告は抑制する、というアクションをとります。

※1　コンバージョン
商品の購入や資料請求など、ネット広告や自社サイトにおける目標の達成を表す。本来は「転換」の意味。よく「CV」と略される。

新しい発想や仮説立案ができるのが人間の強み

一方、この例で扱う商品やサービスが男性も利用できるものであれば、人間は「女性からの反応は良いのだから、男性を狙ったバナーを作成すれば、男性からのコンバージョンも獲得できるのではないか?」と、新しい仮説に基づくアクションができます。こうした発想ができるのが、人間の強みです〔図表2-1〕。

とはいえ、機械学習が得意とする、過去の膨大なデータを処理・分析したうえで未来を予測する精度に関しては、人間が勝つことはできません。機械学習による過去に基づいた予測と、人間ならではの新しい発想や仮説立案を掛け合わせる——。こうした補完関係によって成果を最大化させていくのが、これからのネット広告運用の理想形であるといえるでしょう。(辻井)

機械学習と人間の違い 〔図表**2-1**〕

結果	次のアクション

25-34歳・女性からの
CVが多かった

機械学習(AI)の場合
➡ 同じターゲットへの
入札を強化

人間の場合
➡ 男性からもCVを獲得
できるはずと考え、男性
を狙ったバナーも作成

> **まとめ**
> 機械学習は優秀ですが、そのもととなるデータは既存のクリエイティブから生まれたものです。まったく新しい発想のクリエイティブは、人間からしか生まれません。

3
ペルソナの理解こそ
クリエイティブの要諦

顧客の「悩み」や「欲求」を深掘りして注目する

> AIには不可能な発想や仮説のヒントとなるのは、私たちの社会生活です。広告のターゲットとなる人々の趣味・嗜好や価値観、ライフスタイルまで想像することが、良いクリエイティブを生み出します。

人の気持ちを理解できるから機械学習にない発想ができる

前節では「データがなくても発想できるのが人間の強み」と述べました。では、なぜ人間は、機械学習にはできない発想ができるのでしょうか？ それは「人の気持ちを理解できる」からです。

私たちは学校や会社でさまざまな価値観の人と直接会話をしたり、SNSを通じて世界中の人の意見に触れたりしながら生活しています。そうした中で、多少の個人差はあれど人の気持ちを理解できるようになり、「どのようなメッセージを伝えれば人の気持ちが動くのか？」についても考えられるようになっていきます。

ペルソナ（※1）というマーケティング用語があります。ターゲットが顧客をデモグラフィック（※2）な属性でおおまかにグルーピングしているのに対し、ペルソナはさらにサイコグラフィック（※3）な属性で深掘りしている点が異なります〔図表3-1〕。

このペルソナをいかにリアルに想像できるか、ペルソナの「悩み」や「欲求」を理解したうえで発想できるかが、ネット広告のクリエイティブ作成における勝負を分けます。

※1　ペルソナ
ラテン語の「persona」（仮面）に由来。
一般語としては「人格」の意味。

※2　デモグラフィック
年齢・性別、居住地域、家族構成、職業など、
人口統計学的な属性のこと。

ターゲット	ペルソナ
性別や年齢、属性などで おおまかに分類したユーザー群	属性だけでなく、趣味・嗜好、 行動パターンまで設定したユーザー像

30代既婚男性

瀬川尚人
東京都三鷹市在住 /36 歳 / 既婚 /
年収 550 万円 / 趣味はキャンプ / 口癖は……

1 前提と方針

徹底的なヒアリングでペルソナになりきる

　しかし、ペルソナをリアルに想像するには、自分だけでは限界があるでしょう。例えば、筆者は30代の男性なので、20代前半の女性や60代の男性・女性の気持ちには、どうしてもなりきれないことがあります。そういったときには、対象となりそうな知人にヒアリングをすることにしています。

　具体的には、広告のLPを見てもらったうえで感想をヒアリングし、そこから普段どのような生活をしているのか、最近どのようなものを買ったのか、などを聞いていく流れがスムーズです。また、好きな芸能人や、SNSをどのように使っているかといった雑談も重ねていくと、徐々にペルソナの気持ちが理解できるようになっていきます。ぜひ試してみてください。（辻井）

> **まとめ**
> ネット広告におけるクリエイティブの成果は、いかにペルソナを理解できているかどうかで決まります。しっかりと時間をかけ、楽しみながら取り組みましょう。

※3　サイコグラフィック
趣味・嗜好、性格、価値観、ライフスタイルなど、
心理学的な属性のこと。

4

バナーとLPで
ストーリーを設計せよ

クリエイティブ全体でペルソナの気持ちを動かす

コピーライティング、バナー、LPには、それぞれにノ
ウハウが存在します。しかし、最も重要なのは、それ
ら全体が1つのストーリーを形成し、ペルソナの気持
ちを購入に向けて動かすことができるかどうかです。

突然「買ってください」では売れない

ペルソナの気持ちになると分かりますが、いきなり商品の概要と
金額だけを見せて「買ってください！」と伝えても、商品は売れませ
ん。当たり前のようで、意外と見落としている点です。

しかし、ペルソナが何に悩み、何を望んでいるのかが理解できれ
ば、自社の商品がその悩みを解決できる、もしくは望みを叶えられ
る手段であると伝えることで、購入してもらえる可能性が高まりま
す。そのためには「ペルソナの興味関心を維持しながら、順序立て
て説明していく」ことがポイントになってきます。

1対1の商談を思い浮かべてみてください。目の前にいる顧客の課
題（悩み・欲求）をヒアリングして、その課題にあわせて、解決策を1つ
ずつ提案していきますよね。

ネット広告の場合、そのような1対1での課題のヒアリングはでき
ませんが、ペルソナになりきり、あらかじめ課題を想定しておいた
うえで、解決の手段を順序立てて伝えていくことはできます。相手
の気持ちを動かす考え方は、1対1の商談と同じなのです。

バナーだけ、LPだけではなく、全体で考える

そして、ペルソナの興味関心を維持しながら順序立てて説明していくうえで重要になるのが、「クリエイティブを全体で考え、ストーリーを設計する」ことです。

本書ではネット広告のクリエイティブについて、コピーライティングとバナー、LPの3つに分けて考えると述べました (P.35)。これらを作成する流れを広告運用領域と制作領域に分けたとき、広告運用者はバナーだけ、デザイナーやサイト制作者はLPだけで、PDCAを回してしまいがちです〔図表4-1〕。

本書では以降、これらの3つに1つずつ章を割きながら、有効な施策やノウハウを"打ち手"として解説していきます。もちろん、それぞれを個別に工夫していくことは重要ですが、最終的な成果については、全体のストーリーをどう設計するかによって大きく変わってくることを、前提として理解しておいてください。(辻井)

全体でストーリーを設計する〔図表**4-1**〕

ペルソナの気持ちを動かすには、伝える順序が重要です。バナーだけ、LPだけではなく、全体のストーリー設計を意識してPDCAを回すようにしましょう。

5

検索とディスプレイ、それぞれの考え方

クリエイティブがより重要なのはディスプレイ広告

> ネット広告の種類のうち、本書がフォーカスしているのは「静止画のディスプレイ広告」ですが、検索広告にも一部は応用が利きます。検索・ディスプレイのいずれにも、本書のノウハウを役立ててください。

キャッチコピーは検索広告でも応用可能

　ネット広告には多くの種類がありますが、その代表例といえば、検索広告(※1)とディスプレイ広告(※2)が挙げられるでしょう。本書がそれぞれをどのように扱っているか、前提となる考え方をここで整理します。

　まず、本書におけるクリエイティブの定義にバナーがある通り、本書の大部分は静止画を使ったディスプレイ広告を前提とした内容になります。しかし、コピーライティングをはじめとした一部の考え方は、検索広告にもそのまま応用が可能です。

　例えば、検索広告ではニーズが顕在化している層への配信が中心になりやすいため、Chapter 2で述べる「リアルイメージ型」のキャッチコピーとの相性が良いといえます。ただ、昨今では自動入札の進化や部分一致によるキーワード拡張の精度向上により、ディスプレイ広告のようなキャッチコピーでも、検索広告の成果が出やすくなっている傾向があります。その他のキャッチコピーの型でも、ぜひ検証してみることをおすすめします。

※1　検索広告
「検索連動型広告」とも呼ぶ。GoogleやYahoo!などの検索エンジンにおいて、ユーザーが検索したキーワードにあわせて表示される広告のこと。テキストのみで構成されるのが一般的。

ディスプレイ広告はクリエイティブがより重要になる

　検索広告と比較して、キャッチコピーだけなくバナーというビジュアル要素が入るディスプレイ広告は、変数が多くなるという意味で、ヒットするクリエイティブ作成の難易度が上がります。

　また、ユーザー自身が検索したキーワードの検索結果に対して広告を表示する検索広告と異なり、ディスプレイ広告はニュースサイトの記事やSNSなど、広告とは関係ない情報を見ているユーザーへのアプローチが中心になります。こうしたユーザーは広告で訴求する商品へのニーズがまだ顕在化していないため、やはりクリエイティブに反応してもらうためのハードルが高くなります。

　とはいえ、ディスプレイ広告は難易度が高いからこそ、ヒットしたときの成果は計り知れないものがあります。以降の章では具体例を交えながら解説していくので、さまざまなパターンにチャレンジしていきましょう。(辻井)

キャッチコピーを
考えるのが苦手な人は、
「型」をまねするところから
始めてみてね！

> **まとめ**
>
> ディスプレイ広告でのクリエイティブ作成は難易度が高いですが、ヒットすれば成果は大きくなりやすいです。あきらめずにチャレンジしていきましょう。

※2　ディスプレイ広告
Webサイトやスマートフォンアプリなどの広告枠（配信面）に表示される広告のこと。テキストのみの場合もあるが、多くは静止画のバナーや動画で構成される。

6

「なぜ成果が出た?」は重要な経験値

自動生成だけに頼ってはいけない理由

> 「レスポンシブ広告」と呼ばれる、素材を登録することで自動生成されるタイプの広告も一般化しています。これはこれで便利なのですが、私たちの経験の蓄積にはつながりにくいことに注意が必要です。

クリエイティブ自動生成機能は便利だけど……

ひと昔前まで、ディスプレイ広告の運用といえば、キャッチコピーと画像を組み合わせてバナーを作成し、管理画面から1つ1つ入稿するのが当たり前でした。しかし、広告媒体の進化により、その手間を省くだけでなく、最適な組み合わせを自動生成する機能がリリースされています。代表例は次表の通りです〔図表 6-1〕。

また、ターゲティングの自動化も進んだことで、自動生成されたクリエイティブ+ターゲティングによって、成果を上げた経験がある人も多いのではないでしょうか。このような経験をすると、広告運用者による工夫は必要ないように思えるかもしれません。

しかし、クリエイティブの自動生成には、大きな欠点があります。それは「なぜ成果が出たのかが分かりにくい」ということです。管理画面上では1つの自動生成クリエイティブとしてしか数値を確認することができず[※1]、どのコピーや画像が成果に貢献しているのか、判断ができないのです。そのため、運用者による再現性がどうしても低くなってしまいます。

※1
Googleの検索広告・ディスプレイ広告では、アセットごとの評価や組み合わせごとのインプレッション数のみ確認が可能。

44

媒体・種類	Google検索広告	Googleディスプレイ広告	Facebook/Instagram広告
名称	レスポンシブ検索広告	レスポンシブディスプレイ広告	ダイナミッククリエイティブ
機能	見出しと説明文を複数登録すると、成果の良い組み合わせを自動生成してくれる	見出し、説明文、画像・動画を複数登録すると、成果の良い組み合わせを自動生成してくれる	見出し、説明文、画像・動画を複数登録すると、成果の良い組み合わせを自動生成してくれる

1

前提と方針

手動でのテスト→自動生成の活用で加速させる

　さらに、LPの自動生成はまだまだ発展途上であり、バナーとのストーリー設計も重要です。クリエイティブ自動生成に頼っていては、運用者の仮説立案力が落ちてしまい、インパクトのある改善につなげることはできません。

　こうした理由から、バナーもLPも「まずは人力によるA/Bテストから始めるべき」というのが筆者の持論です。

　とはいえ、クリエイティブの自動生成には良い点も多数あります。Googleの検索広告を例に挙げると、あらゆるキーワードに対応する見出しを登録しておくことで、キーワードとの関連性が上がり、クリック率の向上（≒クリック数の増加）が期待できます。

　よって、まずは手動でのテストによって「勝ちパターン」を見つけることに注力し、それが見つかったあとに、クリエイティブの自動生成をうまく活用してクリック数やコンバージョン数の増加につなげていく、という順序で進めていくのが良いでしょう。（辻井）

> **まとめ**
>
> 便利なクリエイティブ自動生成機能が各媒体からリリースされていますが、まずは地道なA/Bテストで勝ちパターンを見つけることに注力しましょう！

7

LPのテストは
誰でもできる時代に

「やりたくてもできない」はすでに過去のこと

> 本書の表向きのテーマはクリエイティブですが、裏の
> テーマともいえるのが「A/Bテスト」です。その手間
> の多さから敬遠されがちですが、Googleオプティマ
> イズによって状況はかなり改善されています。

Googleオプティマイズの登場で状況が一変

　ネット広告運用は自動化によって大きく変わりましたが、クリエ
イティブのテスト、特にLPのA/Bテストは「Googleオプティマイズ」
(※1)の登場によって状況が大きく変わりました。

　Googleオプティマイズは、2016年にリリースされた無料のA/B
テストツールです〔図表7-1〕。Googleアカウントを発行、もしくは既存
のアカウントを使って利用を開始でき、LPにタグを追加するだけで
導入が完了します。定番のWeb解析ツールであるGoogleアナリティ
クスと連携することで、アナリティクス側で設定した「目標」(※2)を
オプティマイズに継承し、テストの勝敗を決める基準として利用で
きるというメリットもあります。

　A/Bテストの分野には有償のツールも多数ありますが、基本的な
機能で比較すれば、Googleオプティマイズと大差がありません。つ
まり、その気になれば誰でも、LPのテストが実施できる状況がすで
に整っているわけです。LPを1つでも運用しているなら、Googleオ
プティマイズを使わない理由はありません。

※1　Googleオプティマイズ
https://marketingplatform.google.
com/intl/ja/about/optimize/

※2　目標
Googleアナリティクスにおいて、Webサイトの成果（コンバー
ジョン）とみなせるユーザーの行動や指標を登録する機能のこ
と。例えば「購入完了ページの表示」を目標として登録する。

A/Bテストツールはテスト実施の手間を軽減する

　LPのテストが難しかったのは、広告運用とWeb制作の領域が分断されがちである、という理由もありました。広告運用者とデザイナーの間だけで完結するバナーとは異なり、LPは運用者と社内の別チーム、もしくは外部の制作会社との連携が必要で、運用者のみの裁量でテストを実施するハードルが高かったといえます。

　また、LPをテストする方法も、かつてはAパターン・BパターンのLPを実際に用意し、別々のURLに設置してリダイレクトテスト〈※3〉を行うという方法が一般的で、ツールなしで実施するには非常に工数がかかりました。「LPのテストは手間がかかりすぎるので、やりたくてもできない」という状況があったわけです。

　Googleオプティマイズをはじめとした A/Bテストツールは、そのような状況を解決するために登場したという経緯があります。登場初期のツールは月額10万円以上するものも多かったため、利用できる企業やユーザーは限られていましたが、オプティマイズによって一気に裾野が広がったといえます。

Googleオプティマイズ〔図表**7-1**〕

Googleマーケティングプラットフォーム

≡　オプティマイズ

ウェブサイトは
ショー ウィン
ドウ。

ウェブサイトでは、すべてのユーザーに常に良い印象を与えることが大切です。サイトの要素を簡単に、しかも無料でテストして、ユーザー エクスペリエンスの改善とビジネスの拡大を図りましょう。

無料で利用する

Googleオプティマイズは
Googleアナリティクスと同じ
製品群として無料で利用できる

※3　リダイレクトテスト
リダイレクトとは、あるURLにアクセスしたユーザーを他のURLへ自動的に転送すること。実際にLPを2つ用意し、もとのLPのURLにアクセスしたユーザーを、別のLPのURLに自動転送する方式によるテストのことをリダイレクトテストと呼ぶ。

Web制作のスキルがなくてもLPを編集できる

　A/Bテストツールが備える基本機能に、LPの編集機能があります。例えば、「ページ上のテキストを選択してそのまま入力し直せる」「画像をドラッグ&ドロップで移動できたり、簡単に他の画像に差し替えたりできる」といった具合です。

　こうした機能により、HTMLやCSS、Webデザインに慣れていない広告運用者でも、ブラウザー上での操作のみで、複数パターンのLPを簡単に作成できるようになっています。

　また、従来通りのリダイレクトテストをツール上で実施できるだけでなく、URLを変えずに50:50の割合でユーザーのアクセスを割り振るA/Bテストを実施することもできます。

　A/Bテストツールを利用することで、社内の別チームや外部の制作会社に何らかの作業を依頼したりする必要なく、運用者の裁量のみで、気軽にLPのテストを行える時代が到来しています。広告のキャッチコピーやバナーのみのテストが中心になっている人や、LP作成後の数値のチェックや改善に手をつけていない人は、ぜひ本書を読み進めながら「はじめの1テスト」にチャレンジしてみてください。LPのテストについて、詳しくはChapter 4で解説します。（辻井）

> **まとめ**
>
> LPのテストが困難だった時代は終わりました。広告運用者はもちろん、Web制作担当者もGoogleオプティマイズを活用してテストにチャレンジしてみましょう。

※編集部注

2023年1月、Googleより「Googleオプティマイズのサポート終了」が発表されました。2023年9月30日を過ぎると、Googleオプティマイズは利用できなくなります。代替サービスについてはP.150を参照してください。

https://support.google.com/optimize/answer/12979939?hl=ja

コピー
ライティング

コンバージョンのために考えるべきこと

8

伝えるのは特徴ではなくベネフィット

商品によってユーザーが得られる未来を表現する

> コピーライティング、すなわちキャッチコピーを作ることは、バナーでもLPでも不可欠な要素です。このとき、商品の特徴を表現するのではなく、「ベネフィット」を伝えることを念頭に置いてください。

キャッチコピーはベネフィットから考えるのが基本

　ネット広告運用におけるコピーライティングは、クリエイティブの根幹を担うだけでなく、成果の善し悪しにも当然影響する重要な要素となります。このコピーライティングで基本となるのが、商品の「ベネフィット」を伝えることです。

　ベネフィット (benefit) を直訳すると「便益」「恩恵」といった意味になりますが、筆者は「ユーザーが商品を手にすることで得られる未来」と定義しています。例として、次の図のようなノートPCのベネフィットを考えてみましょう〔図表8-1〕。

　このノートPCのメモリーが32GBあることに注目すると、「メモリー 32GB搭載 ノートPC新登場」といったキャッチコピーを作ることは可能です。しかし、これでは特徴をそのまま表現しているだけで、ベネフィットにはなっていません。

　ペルソナを設定し、メモリーが32GBあるノートPCを購入することで、どのような未来が得られるのかを想像しましょう。すると、図中にある2つのベネフィットが思い浮かぶのではないでしょうか。

Windows 10 Pro
インテル Core i7 7500U プロセッサー
★メモリー：32GB
SSD：256GB
重量：約 930g
バッテリー駆動時間：約 22 時間

Webブラウザーで
たくさんのタブを同時に開き、
複数の広告管理画面やサイトを
表示しても落ちない

Photoshopやllustratorなどの
重たいソフトを同時に起動し、
さまざまな素材を編集しても
サクサク動作する

広告運用者　　　　　　　　　　Webデザイナー

ベネフィットはペルソナや伝える瞬間で変わる

　上図の通り、メモリーが32GBのノートPCを購入することで、広告運用者やWebデザイナーは、それぞれの専門的業務を快適に行える未来を手にすることができます。つまり、ベネフィットはユーザーのペルソナによって変わるということです。

　また、同じペルソナでも、広告に接触する「瞬間」によってベネフィットの伝え方は変わってきます。上図の例はいずれも、PCを使って仕事をしているときに伝えることを想定したベネフィットですが、休日にスマートフォンで暇つぶしをしているときには、同じペルソナでもベネフィットの伝え方が異なるはずです。

　ペルソナを徹底的に理解することはもちろん大切ですが、ペルソナがどのような瞬間に広告を目にするのかも想像しながら、ベネフィットに基づいたコピーを考えるようにしましょう。(辻井)

> コピーライティングの基本はベネフィットを伝えることです。そして、ベネフィットはペルソナと、何をしている瞬間なのかで変わる、ということを意識しましょう。

9

成果を狙える
コピーには「型」がある

クリエイティブを量産するための6つの型

良いキャッチコピーを生み出すことは難しく、言葉を
扱うことを本業としていない人であればなおさらで
す。まずはここで紹介する「型」を覚えて引き出しを
増やし、苦手意識を持たないようにしてください。

実績のあるテンプレートで最初のハードルを乗り越える

「新しいクリエイティブを生み出すこと」は機械学習ではなく人間
の仕事ですが、この作業そのものを苦手としている人も多いのでは
ないでしょうか。確かに、何もないところから気の利いたキャッチコ
ピーを考えるのは、難しいものです。

特に、自分が企画に関わっていない商品や、よく理解していない
サービスを宣伝する立場になった場合、「商品のベネフィットを意識
してコピーライティングをせよ」と言われても、なかなか頭が働かな
いかもしれません。

そこで覚えてほしいのが、筆者がこれまでの広告運用で成果を実
証してきたキャッチコピーの6つの型です。詳しくは次節以降で1つ
ずつ解説しますが、一覧にすると以下のようになります。

- リアルイメージ型
- ターゲット絞込型
- 指摘型
- 比較型
- 共感型
- 感情移入型

誰にどのようなベネフィットを伝えるかを決める

　これらの型でキャッチコピーを作成していく前に、「誰に、どのようなベネフィットを伝えるか」をあらかじめ考えておきましょう。商品の例として、巻頭のバナー事例でも紹介したBASE BREADを挙げると、次の図のように特徴をまとめられます〔図表9-1〕。

商品の特徴の例　〔図表**9-1**〕

商品名	**完全栄養の主食 BASE BREAD**
価格	1袋 160 円～
特徴	①26 種類のビタミン＆ミネラル ②1 食で 27g のたんぱく質が摂れる ③1 食で 6 ～ 7g の食物繊維が摂れる ④糖質約 30% オフ ⑤完全栄養なのにおいしい

　また、ユーザーのペルソナとしては、次の図に示した3つが考えられるでしょう〔図表9-2〕。BASE BREADはさまざまなペルソナに買ってもらえる可能性がある商品ですが、ここでは典型例として3つに絞りました。

ペルソナの例　〔図表**9-2**〕

ペルソナA	ペルソナB	ペルソナC
30 代後半の子育て中ママ。子どもの栄養が気になるが、共働きのため家事にあまり時間をかけられない。	20 代後半の独身女性。ヨガや軽い筋トレなどで自分磨きをしつつ、食事にも気をつけている。	20 代後半の独身男性。仕事中心の生活ではあるが、ジムに週１回通って筋トレをしている。

そして前節の通り、ペルソナによって伝えるべきベネフィットは変わります。例として、前掲のペルソナＡをターゲットとしたベネフィットを考えると、以下のような候補がリストアップできるでしょう。

- 子どもの朝ごはんに悩まなくなる
- 朝ごはんのための買い物に行かなくてよくなる
- 健康的な朝ごはんを簡単に準備できる
- 「食パンだけ」よりも罪悪感がなくなる
- 子どもがファストフードをたくさん食べても、以前より気にならなくなる
- 自分や夫の栄養バランスが改善されて、自然と体重が落ちる
- 健康に意識が向くようになり、ジムやランニングなどを始める
- 夫と一緒にランニングに行く機会が増え、夫婦仲が良くなる
- アレンジ料理をInstagramにアップしたらフォロワーが急に増えた

　このように、ひとりのペルソナに対して10個程度のベネフィットを書き出したうえでキャッチコピーの型に当てはめ、広告に適した具体的な表現へと落とし込んでいきましょう。(辻井)

> **まとめ**
>
> キャッチコピーの型はベネフィットの表現方法として便利ですが、型に当てはめる前に、まずは「誰にどのようなベネフィットを伝えるか」を考えてみましょう。

10

「リアルイメージ型」で顕在層を着実につかむ

欲しいと自覚している人に購入後を想像させる

> ベネフィット、つまり「ユーザーが商品を手にすることで得られる未来」をリアルに伝えるオーソドックスな型です。ターゲットを行動する気持ちにさせられれば、安定したコンバージョンが期待できます。

商品を手に入れた状態をイメージさせて行動を促す

キャッチコピーの型の1つである「リアルイメージ型」は、「この商品が欲しい・気になる」と自覚している人、つまりニーズが顕在化しているターゲットに適しています。

顕在層(※1)のユーザーに向け、商品を手に入れたあとのイメージをリアルに表現した広告を配信することで、「いま行動しよう」と思わせます。5W1H（いつ、どこで、誰が、何を、なぜ、どのように）を意識し、具体的な数字を入れるのがポイントです。

金額や数量を入れるとよりリアルに

次の図で、リアルイメージ型のキャッチコピーの例をいくつかの商品・業界に分けて紹介します〔図表10-1〕。1つ目の「1袋160円〜で完全栄養の朝ごはん」は、巻頭のバナー事例：食品でも登場したBASE BREADを商品として想定したものです。

BASE BREADは16袋3,172円から購入できますが、これをそのまま「16袋3,172円」と打ち出すと高いように感じます。しかし、「1

※1 顕在層
「こういう商品が欲しい」という明確なイメージがあるとともに、自社商品への興味関心が高く、比較検討の対象としている人々のこと。

袋160円」なら手が届きそうだと思いませんか？ これは日々の消費、例えば朝食でいつも食べているコンビニエンスストアの400円のサンドイッチに置き換えて考えられるからです。

また、BASE BREADのキャッチコピーでは、「朝ごはん」を入れることでWhereとWhenを連想させるとともに、「電子レンジで20秒」「ふっくら」といったHowも入れています。このように表現することも、リアルにイメージさせるために有効なテクニックです。

こうしたリアルイメージ型のコピーはターゲットが絞られるものの、着実にコンバージョンを増やしていける安定した型です。ネット広告に限らず、テレビCMや雑誌広告、交通広告などでも使われているので、注目してみてください。（辻井）

リアルイメージ型のコピーの例　〔図表 **10-1**〕

BASE BREAD

1袋160円〜で完全栄養の朝ごはん

電子レンジで20秒
ふっくらチョコパンの
「完全栄養朝ごはん」完成

求人

10月入社募集！
19時以降のZoom面談OK

化粧品

1本でふっくらモチモチ肌へ。
夜のお手入れ3分で完了

脱毛

3回で全身脱毛終了。
費用は月々4,000円〜

金融

手間ゼロ・5万円からできる
自動資産運用

口座開設で2万円キャッシュバック。
5分で入力完了・最短即日取引可能

不動産

3LDK 80㎡台の築4年が
月々9万円台で

教育

入会金0円・週1回1科目から受講OK。
5〜10名の少人数クラスです

デリバリー

宅配で、自宅が30分で
高級レストランに

フリマ

アプリで不用品販売。商品登録5分で完了。
部屋がスッキリ・財布ほっこり

まとめ

リアルイメージ型では、ユーザーがワクワクするような、ちょっと先の未来を表現することを意識しましょう。具体的な数字を入れると高い効果が期待できます。

11

「ターゲット絞込型」で潜在層を狙い撃つ

関係ないと思っている人に自分ゴト化させる

年齢・性別などで対象を限定する表現を盛り込み、「これは自分のことだ」と気づいてもらうための型です。ターゲットが明確化されていれば、他の型よりも簡単に良いキャッチコピーを作ることができます。

デモグラフィックデータから対象を絞り込む

商品のターゲットの中には、ニーズがまだ顕在化していない人もいます。こうした潜在層[※1]のユーザーは、まだ商品を知らないか、商品から得られるベネフィットを理解していません。

潜在層からのアクションを得るには、広告を通じて「これは自分のことだ」と思ってもらう必要があります。そのためのキャッチコピーの型が「ターゲット絞込型」です。

ターゲット絞込型は「50歳以上」などのデモグラフィックで潜在層を絞り込み、そこに響くキャッチコピーで訴求することが基本となります。万能で便利な型ですが、広すぎず、狭すぎない絞り込みが重要です。例えば「30代以上」では広すぎるでしょう。

課題や関心事との組み合わせも有効

ターゲット絞込型のキャッチコピーの例を次の図に挙げました[図表11-1]。1つ目のBASE BREADを商品として想定したもので説明します。

この例では「3〜5歳の子どもの栄養が気になるママへ」としてい

※1 潜在層
特定のテーマやジャンルへの興味関心があり、何らかの欲求や悩みもあるが、それを解決できる具体的な商品はイメージできていない人々のこと。

ますが、これが「子どもの栄養が気になるママへ」だけであれば、子どもを持つ女性の大半が当てはまることになり、「自分のことだ」と思ってもらえる確率が低くなってしまいます。「3〜5歳の」を付け加えたキャッチコピーにすることで、広すぎず、狭すぎない絞り込みが可能になるというわけです。

　一方で、「3歳未満や5歳より大きい子どもを持つ女性には反応してもらえなくなるじゃないか」と思うかもしれません。しかし、あえてターゲットを絞る訴求をしたほうが、キャッチコピーから伝わるメッセージが具体的になり、ターゲット以外のユーザーの反応率（クリック率やコンバージョン率）も上がると筆者は考えています。

　また、BASE BREADでは「共働きで時間がなく〜」というキャッチコピーも挙げていますが、年齢・性別だけでなく、職業や所得、家族構成、ライフスタイル、課題、関心事などにも目を向けると、さまざまなバリエーションを作ることができます。（辻井）

ターゲット絞込型のコピーの例　〔図表 **11-1**〕

BASE BREAD

3〜5歳の子どもの栄養が気になるママへ

共働きで時間がなく、
料理が作れないとお悩みの方へ

求人

35歳までに
転職したいと考えている方へ

化粧品

40代、
お肌のハリツヤを取り戻したいあなたへ

脱毛

いつか脱毛できたらいいなと
考えている10代の方へ

金融

年収500万円からはじめる資産運用

初心者向けFXツール

不動産

江東区で5,000万円台・80㎡以上の
マンションをお探しの方へ

教育

上位校を目指すお母さまへ。
小学5年生スタートがラストチャンスです

デリバリー

仕事帰りにアプリで注文。
たまには4人分の夕食をデリバリーで

フリマ

50代以上の利用者が増えています！

> **まとめ**
> ターゲットが明確化できていれば比較的簡単に作れる型で
> すが、それだけだと反応率を上げられません。他の型と組
> み合わせて使うことをおすすめします。

12

「指摘型」で
課題やコンプレックスを突く

即時のアクションが期待できるが劇薬的

うまくいけば絶大な効果が期待できますが、ネガティブな反応を引き出してしまうおそれもある型です。自社商品が解決できるユーザーのコンプレックスや課題を、不快に思われない範囲で指摘しましょう。

コピーの力で一気にコンバージョンまで引き上げる

「指摘型」のキャッチコピーは、ユーザーが潜在的に持っている悩みや課題を「ハッとさせる」フレーズで言い当てるのが特徴です。この型を活用したクリエイティブは、まだニーズを自覚していないユーザーであっても、いきなりアクションを起こさせるほど強力な広告になりえます。

以前、筆者が指摘型のコピーを使ったとき、他の型のコピーに比べて、コンバージョン率をほぼ維持しながらクリック率が約10倍に跳ね上がったことがあります。もちろん、コンバージョン数にも有意な差がありました。そのくらい強力な型です。

ただし、指摘型のコピーでは、指摘する内容が重要なのもさることながら、表現方法やフレーズによっても成果が大きく変わります。また、否定的な表現が含まれるキャッチコピーとなるため、ユーザーに不快な印象を持たれるリスクがある点も考慮しておく必要があるでしょう。リスクに対して期待した成果が得られるよう、何度もテストを重ねて注意深く使用すべき型だといえます。

ちょっと上から目線で指摘するのがポイント

　人間なら誰しも「解決したいけどできていない課題」があるものですが、指摘型のキャッチコピーで指摘するのは、まさにそこです。食生活やダイエット、恋愛、仕事、家庭など、さまざまな課題の中から自社の商品やサービスが解決できるものを探します。そして、その道の専門家になったつもりで「ちょっと上から目線」で指摘してあげるのがポイントです。

　次の図で紹介する、指摘型の具体的なキャッチコピーの例も参考にしてください〔図表12-1〕。筆者の経験では「○○はNG」「○○の問題点」「○○の理由」「○○の特徴」といった続きが気になるフレーズや、「原因は○○です」「○○の時代は終わりました」といった言い切り型のフレーズが特に反応率が高い傾向にあります。(辻井)

指摘型のコピーの例 〔図表12-1〕

BASE BREAD

食べないダイエットは
卒業しよう

求人

転職がうまくいかない人の
特徴

化粧品

年々気になる年齢肌、
その原因は乾燥です

脱毛

いつまで剃り続けますか？

金融

貯金で老後2,000万円問題は
解決しません

元手10万円で株式投資の問題点

不動産

いつまで高い賃料を払い続けますか？

教育

あなたのお子さんが
勉強しない理由

デリバリー

電話で宅配はもう古い

フリマ

「ネットで出品が難しい」時代は
終わりました

まとめ

ただ指摘するだけでは不快な印象を与えて終わってしまうので、自社の商品を活用した解決策を、キャッチコピーのあとの説明部分で必ず提示してあげましょう。

13
「比較型」で
他の何かとの差を訴求する

自社商品との違いからベネフィットを伝える

自社商品を他の何かと比較し、その差を表現することで魅力を直感的に理解させ、行動してもらうための型です。比較対象は商品の価値を伝える基準になるので、ターゲットにとってポピュラーなものを選びます。

必ずしも競合と比較する必要はない

　自社の商品やサービスを他の何かと比較し、それを説明するのが「比較型」のキャッチコピーです。

　自社と同一カテゴリーの類似商品と比較するのが基本的な考え方ですが、必ずしも、競合の商品である必要はありません。さらに言えば、比較対象が商品である必要もありません。場合によっては、得られる効果が類似する別のカテゴリーの何かと比較したほうが、高い効果が得られることもあるでしょう。

　例えば、ダイエット効果が期待できるサプリメントを、他社のサプリメントや食品と比較するのではなく「毎日の激しい運動」と比較する、といった具合です。

比較対象がメジャーであるほど効果的

　比較対象となる何かは、有名なものであればあるほどユーザーはイメージしやすくなります。得られる効果、使ったときの感覚、価格など、自社商品の強みになる要素を「比較対象との差」として訴求

すると、強力なキャッチコピーになるはずです。

　次の図では比較型のキャッチコピーの例を紹介していますが、1つ目のBASE BREADのものは「サラダチキン」と「プロテイン」が比較対象として登場しています〔図表13-1〕。筋トレやダイエットに興味があるなら、毎日のようにサラダチキンを食べている人、プロテイン（プロテインパウダー）を摂取している人は多いはずです。

　このように、ターゲットにとってメジャーな食品とBASE BREADを比較して説明することで、サラダチキンやプロテインという基準から効果を想像でき、BASE BREADの「高たんぱく」さをより直感的に伝えることができます。（辻井）

比較型のコピーの例　〔図表**13-1**〕

BASE BREAD

サラダチキンより高たんぱく

プロテイン級のたんぱく質

求人

外資コンサルより高年収狙えます

化粧品

歯磨きより早い！
5秒でスキンケア完了

脱毛

スマホ代より安くてびっくり！
月額2,000円（6カ月）で脱毛完了

金融

定期預金より賢い資産運用

スマホゲームみたいに簡単操作

不動産

月々返済9万円台。
今の賃料と比べてみてください！

教育

Switchしてる時ぐらい
集中するように

デリバリー

高級フレンチをデリバリーで。
お届けは最短20分

フリマ

バイトより稼げるかも？
不用品をアプリで販売

比較型では、とにかく比較対象の選定が重要です。類似商品だけでなく、得られる効果が似ている行為や状況も考え、最低でも5つぐらいは候補を挙げてみましょう。

まとめ

14

「共感型」で
広告を嫌う人を引き寄せる

宣伝っぽさを抑えて他の型に反応しない層を狙う

> 企業による宣伝を嫌うユーザーでも、つい気になって
> クリックしてしまう広告を作るための型です。商品の
> クチコミや体験談を調査し、それを扱った記事のタイ
> トルのような文章をキャッチコピーにします。

クチコミを読み込んでそのままコピーに

　ネット広告市場は今やテレビCMを凌駕する規模にまで成長し、テレビや紙媒体よりもインターネットで広告に触れる機会が多いことも当たり前になりました。その結果、TwitterやYouTube、ニュースサイトなどのどこを見ても広告だらけ、と感じる人もいるかもしれません。もともと広告を歓迎する人は少ないと思いますが、「広告を過剰に嫌う人」も増えているように感じます。

　そうした人は「商品やサービスを宣伝する意図が強い」と感じた瞬間に画面をスクロールして、広告を見ることを拒否してしまいがちですが、同様の傾向があるユーザーにも反応してもらうために使うのが「共感型」のキャッチコピーになります。

　共感型のポイントは、ユーザー目線での体験談や共感されそうな悩みを、そのままコピーにしてしまうことです。自社商品のクチコミをSNSやアンケートなどで徹底的に調べて、それを扱った記事のタイトルのように見せることで広告っぽさを抑え、他の型では反応しない層を振り向かせることを狙います。

うわべだけの感想にならないように

　ユーザーのクチコミや体験談風のキャッチコピーは、「ほんとに」「すごい」「まさか」といった主観的な表現を多く使うと、簡単にそれっぽく見えます。次の図にまとめた共感型のコピー例の2つ目は求人業界を想定し、「まさか残業減って年収50万上がるとは」としています〔図表**14-1**〕。

　ただ、そうした表現ばかりを多用すると、うわべだけのコピーになってしまいがちです。クチコミを読んでユーザーの気持ちになったうえで、自分で実際に商品やサービスを試してみて、使った瞬間の気持ちや、体験して数日・数カ月たったあとの感想をコピーとして表現しましょう。そこまでやることで、共感を得られやすいコピーになるはずです。（辻井）

共感型のコピーの例　〔図表**14-1**〕

BASE BREAD

「ほんとに完全栄養なの？」
ってくらいおいしいです

求人

まさか残業減って
年収50万上がるとは

化粧品

しっとりもちもち。
1本だけなのに！

脱毛

えっ、
脱毛って痛くないんだ

金融

何も考えずに積み立てるだけで、
資産がみるみる増えていく

コツをつかんだら
トレードが楽しくなりました

不動産

もっとはやく
戸建てに引っ越すべきでした

教育

「勉強しなさい」って言わなくても
成績がぐんぐん上がる

デリバリー

もう何もしたくないってときに、
宅配のありがたさを感じる

フリマ

夫の不用品売ったら1万円に！

まとめ

共感型は、TwitterやFacebook、Instagramのニュース
フィード面と相性が良いです。ユーザーの体験談やクチコ
ミが書かれた記事の見出しのような表現が可能です。

15

「感情移入型」で
同じ気持ちを代弁する

欲望・欲求をストレートに表現して引き込む

宣伝っぽさを好まないユーザーに対して、共感型とは
別のアプローチで伝えるための型です。ユーザーの視
点に立ち、「商品を使う前」の意気込みをそのまま、
勢いのあるキャッチコピーに仕上げます。

とにかく感情を込めて表現する

　キャッチコピーの型の最後に紹介する「感情移入型」は、共感型
と同じく広告を好まない層に向いています。ユーザーの声をそのま
まコピーにするという点でも、共感型と似ています。

　前節で紹介した共感型では「商品を使ったあと」の喜びの感想を
コピーにしましたが、感情移入型では「商品を使う前」の欲望や欲
求、意気込みをそのままコピーにします。心の声、さらには心の叫
びのようなコピーになるため、同じ気持ちを抱えているユーザーを
強く引き込む効果が期待できます。

ネガティブな表現は注意すべきだが効果的

　感情移入型のキャッチコピーに込める感情には、ポジティブとネ
ガティブの方向性があります。次の図で紹介している感情移入型の
コピーを見ると、1つ目のBASE BREADの例はポジティブ、2つ目の
求人業界の例はネガティブと、それぞれの例で異なる感情が表現さ
れていることが分かると思います〔図表**15-1**〕。

ポジティブな感情を込めるときに特に強力なのが、「今度こそ健康になってやる！」「月3万稼いでやる！」といった表現です。「今度こそ」「今年こそ」といった言い回しや数字を入れることで、より具体的な意気込みとして伝わりやすくなります。

ネガティブな感情を込めるときは「○○したくない」が便利です。人間は本能的に目先の利益よりも、損失を回避することを選んでしまう(※1)と言われています。その「損失を避けたいという気持ち」をそのまま表現することで強いコピーになります。

しかし、ネガティブな表現の場合、指摘型と同様に不快な印象を与える可能性があるため注意が必要です。商品やサービスによっては、ネガティブな表現のほうが反応を得やすいこともありますが、慎重に言葉を選ぶようにしてください。(辻井)

感情移入型のコピーの例 〔図表**15-1**〕

BASE BREAD

コンビニランチを卒業したい

求人

次の転職では絶対に失敗したくない

化粧品

コンビニぐらい
すっぴんで行ける肌になるんだ

脱毛

今年こそ確実に脱毛卒業したい！

※1
人間は何かを手に入れること（得）よりも、何かを失うこと（損）を回避するほうを選ぶ傾向があるとされる。こうした心理的作用を「損失回避バイアス」（損失回避の法則）と呼ぶ。

金融

お金のこと何も考えたくない。
でも損はしたくない！

FXで勝ち続けられる人に
なりたい！

不動産

もう賃貸に毎月10万円
払い続けるのはうんざりだ

教育

子どもには学歴で苦労してほしくない

デリバリー

今夜の宅配は
「はずしたくない」

フリマ

せどりで月3万稼いでやる！

まとめ

感情移入型では、ターゲットを明確化するときに考えた、
ユーザーの心理状況を思い出してみてください。心の声や
叫びが自然と浮かんでくるかもしれません。

16

コピーライティングは
ストーリーで考える

バナーとLPのセットでベネフィットが伝わればOK

> バナーの画像サイズは小さいため、キャッチコピーを
> インパクトのある大きさで収めるには、文字数を少な
> くする必要があります。言い切れなかったことはLP
> に記載し、流れで見せることを心掛けましょう。

バナーはクリックさせる役割に注力する

ここまでで見てきたキャッチコピーの6つの型は、バナーだけでな
くLPでも使えるものです。これらの型に沿って考えると、意外と簡
単にコピーを量産できるので、バナーやLPを作成するときに陥りが
ちな「最初のひと言が思い浮かばない」状態は、かなり脱出しやすく
なるのではないかと思います。

ただ、バナーのキャッチコピーの場合、長くても20文字ぐらいが
限界になるでしょう。バナーの画像サイズやデザインにもよります
が、ひと目で伝わるような見栄えでコピーを配置するには、当然な
がら文字数の制約を受けます。

よって、バナーだけでベネフィットをしっかり伝えることにこだわ
る必要はありません。しっかり伝える役割はむしろLPに任せて、「バ
ナーとLPのセットでベネフィットを訴求する」ことを意識してくださ
い。バナーの役割はクリックさせること、つまり広告を見たユー
ザーの反応率を重視して考えたほうが、全体の成果につながりやす
い傾向があります。

バナーとLPのファーストビューを同じにする必要はない

　バナーとLPの役割分担でいうと、よく「バナーとLPのファーストビューでは内容を揃えたほうがいい」という意見を目にします。しかし、これは筆者の経験上ではコンバージョン率が下がることもあり、一概に正しいとはいえない印象です。

　ユーザーはバナーをクリックしたあとに「続きが知りたい」と思っています。続きが知りたいのに、LPでまったく同じことを伝えられては、煩わしく感じてしまうのかもしれません。

　LPではバナーで使っているキャッチコピーを最低限は使用しつつ、バナーでは伝えきれなかった商品のいちばんのベネフィットを伝えることを意識しましょう。Chapter 1でも述べたように (P.40)、バナーからLPへと続くストーリーの中で、スムーズにベネフィットが伝わることを意識してみてください。

　ただし、肝心のベネフィットがターゲットとズレていると、反応率の高い広告にはなりません。コピーライティングそのものよりも、ターゲットの明確化とベネフィットの選定に、より多くの時間をかけるようにしましょう。(辻井)

バナーからLPへの流れとして
何が理想的かを考えるのは、
頭のひねりどころだね

> **まとめ**
>
> バナーをクリックするときに、ユーザーがどのような気持ちなのかを想像すると、LPのファーストビューで何を伝えるべきかが思い浮かびやすくなるはずです。

Chapter

3

バナー

デザインは重要。でも成果はもっと重要

17

バナーの出来を左右する
3つのステップ

要素→構成→制作でイメージ通りの仕上がりに

広告運用者だけで完結するコピーライティングとは異なり、バナーの作成はデザイナーとの共同作業になります。お互いの役割をはっきりさせ、円滑に作業を進めながら高い成果を目指すための3段階を紹介します。

広告運用者とデザイナーで役割を分ける

ネット広告のコピーライティングに続き、本章ではバナーの作成時に広告運用者が意識したいポイントを解説していきます。まず意識してほしいのが、本節で述べるバナー作成の3つのステップです。全体像は次の図に示しました〔図表17-1〕。

広告のコピーは決まったものの、いざバナーの作成を始めてみると、デザイナーにどう依頼していいか分からない、もしくは納品されたバナーがイメージしていたものと違う、と感じたことはありませんか？ この3つのステップでは、そのようなコミュニケーションの行き違いをなくすために、バナー制作を「要素」「構成」「制作」に分けて考えます。そして、各ステップに関わるのが「広告運用者」(マーケター)か「デザイナー」かも整理しています。

もちろん、マーケティング感覚の強いデザイナーが、広告運用者の領域を一部兼務して作業に当たるといったケースもあると思います。完全に人で分けるというよりは、どちら側の思考を重んじるかという視点で参考にしてください。

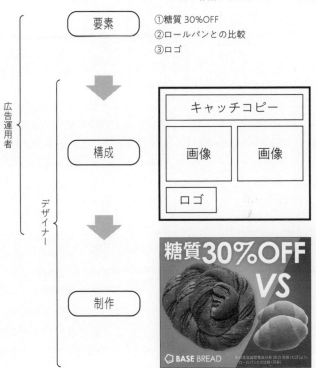

要素を洗い出して優先順位を決める

　バナー作成の最初のステップは、要素を整理することです。ここでの要素とは商品のキャッチコピーや価格などのテキスト、および商品の写真やブランドのロゴなどの画像などを指します。また、それらの中で何が最も重要なのか、優先順位を付けていきます。

　バナーが完成したあとに「思っていたイメージと違う」と感じてしまうのは、主にこの要素の洗い出しと優先順位の決定ができていないことが原因です。広告運用者はデザイナーとのコミュニケーションを始める前に、すべての要素と優先順位を整理しておくことを心掛けてください。

要素を洗い出すときには、なぜその要素がこれから作成するバナーにおいて必要なのか、デザイナーに対して理由を説明できるとなお良いです。また、広告の配信面やLPの情報ともつながっていると、デザイナーに対して説明するときの説得力が増します。要素の洗い出しに詰まったときは、Chapter 4で述べるアイデア出しのヒント（P.208）も参照してください。

　要素の優先順位は、次のステップの構成を決めるときに役立ちます。また、要素の優先順位がしっかり決まっているバナーは、運用後の検証がやりやすくなるというメリットもあります。「今回はこの要素を全面的にアピールしたことが良かったようだ」「期待した成果ではなかったから、次回は優先順位を変えて試してみよう」といったように、PDCAを回しやすくなるでしょう。

構成は広告運用者とデザイナーの両者で考える

　中間のステップである構成は、バナーにどの要素をどれくらいの大きさで、どのように配置するのかといった、主にレイアウトを考える段階になります。このステップでは、広告運用者とデザイナーの両者が、一緒にコミュニケーションをとりながら考えていくことをおすすめします。

　巻頭のバナー事例集で登場し、本章で後ほど詳しく述べる「バナー構成の5つの型」は、このステップにおいてぜひ活用してほしい考え方です。ターゲットに対して伝えたい要素がしっかり伝わるか、

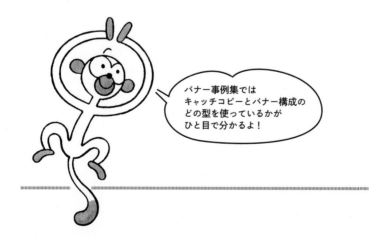

目に入ってくる情報の順序が要素の優先順位と同じになっているか
といったことを確認しつつ、進めていきましょう。

制作はデザイナーに任せるのが原則

　最後のステップとなる制作は、バナーをデザインする段階に相当
します。このステップを担うのはデザイナーとなるため、広告運用
者は作業をデザイナーに一任しましょう。

　制作のステップにおいて、広告運用者が口を出しすぎることは逆
効果になりがちです。広告運用者からリクエストしたいことがある
なら、構成のステップで伝えるようにしましょう。

　一方、デザイナーとしては、デザインを進めていく過程で「事前
に打ち合わせた構成よりも、こちらの構成のほうが優れているので
はないか？」といったアイデアが浮かんでくることもあります。その
ときは勝手に構成を変更するのではなく、広告運用者に対して構成
の変更を相談することをおすすめします。それぞれの領域をリスペ
クトして仕事をすることが大切です。

　なお、バナーに限ったことではありませんが、異なる立場の人々
がデザインのニュアンスを共有し合うことは、非常に難しいもので
す。広告運用者はデザイナーと、日頃から「このバナーいいです
ね！」などと他社のバナーを共有・ストックして、デザインの共通言
語となるコミュニケーションを重ねておきましょう。(宝田)

3
バナー

> バナーの作成は、広告運用者だけでは完結しない作業とな
> ります。デザイナーとそれぞれの領域をリスペクトし、良
> いバナーを生み出す体制を作っていきましょう。

まとめ

18

バナーの成否で
まず重視すべきはCTR

どれだけクリック率を上げられるかが勝負

バナーの作成で最初に目指すべきゴールは「高いCTR
が得られる」ことです。媒体による広告を評価する仕
組みはブラックボックスですが、CTRが重要であるこ
とは共通しており、前提として理解しておくべきです。

どの広告媒体でも共通して評価される指標

前節ではバナーの出来、すなわち「意図通りの仕上がりかどう
か?」にフォーカスしましたが、本節ではバナーの成否、つまり「成
果を上げられたかどうか?」について述べます。この視点において、
まず重視すべき指標はCTR[※1]です。

バナーはディスプレイ広告のクリエイティブとなりますが、広告
媒体の管理画面からクリエイティブを入稿し、配信面に広告が表示
されるまでには、自社のアカウント内、および自社と他社の広告を
比較したうえでの順位付けが行われます。その順位付けにおいて、
より高い評価が与えられた広告が、実際にユーザーの画面に表示さ
れる機会を得られるわけです [図表18-1]。

こうした順位付けと評価のメカニズムがどのような基準で行われ
るかは、Google、Yahoo!、Facebookなどの媒体によって異なってお
り、そもそも公開されていない部分も多いため、全容は分かりませ
ん。しかし、いずれの広告媒体においても、共通する評価基準とな
る指標がCTRであることは分かっています。

※1 CTR
「Click Through Rate」の略で、
クリック率のこと。

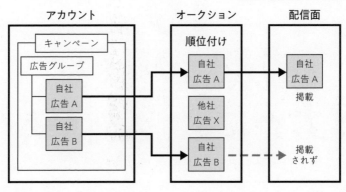

クリエイティブの努力で成果を高めるためにも必須

　自社と他社の広告が比較され、実際にどちらが配信面に表示されるかは、CTR×入札単価を基準としたオークションによって決定されます。入札単価は簡単に上げられるものの、上げれば当然、広告の費用対効果は悪化します。よって、クリエイティブの努力で成果を高め、費用対効果を改善していくために重要な変数は、やはりCTRということになります。

　ネット広告の成果指標としてはCVR[※2]がよく知られ、もちろんそれも重要です。しかし、CVRの高い広告は、CTRの高い広告と必ずしも一致しません。そのため、CVRの高い広告を作ろうとしすぎると、他社とのオークションで勝ちにくくなるという問題が生じます。

　バナーの作成においては、まずは「どうしたらCTRを上げられるのか？」という視点で取り組むことが重要であり、それを前提として3つのステップを進めていくことをおすすめします。（宝田）

> **まとめ**
>
> 「良いバナー」を決める評価基準はいろいろあると思いますが、広告運用者が重視すべきなのはCTRです。バナーのCTRを上げる努力が、全体の成果につながります。

※2　CVR
「Conversion Rate」の略で、コンバージョン率のこと。

19

成果を狙える
バナーには「型」がある

当たりやすいバナーの構成が分かる5つの型

> バナーの構成、つまりレイアウトを考えるうえでは、筆者の経験上、成果が出やすいいくつかの「型」が存在します。キャッチコピーの型と組み合わせれば、最初から高い効果を狙ったバナーの作成が可能です。

デザイナーとの共通言語となる構成を理解する

　バナーを作成する3つのステップの中間に位置する「構成」では、筆者がこれまでの運用経験から得た、成果につながりやすい5つの型が存在します。Chapter 2で紹介したキャッチコピーの6つの型とセットで覚えて、ぜひ活用してください。

　具体的には以下の5つで、次節から1つずつ解説します。

- キャッチコピー型
- テキスト型
- UI/UX型
- クチコミ型
- 比較型

いずれの型でもキャッチコピーは短く簡潔に

　バナー構成のすべての型に共通する注意点として、「キャッチコピーはなるべく短く簡潔にする」ことがあります。より多くの情報を伝えたくなる気持ちは分かりますが、情報量が多ければ多いほど視認性が低下するため、効果が悪化してしまいます。

検索広告の場合は、規定の文字数いっぱいまで使って広告文を作成することが多いですが、その考え方のまま、ディスプレイ広告のキャッチコピーにするのはNGです。

　すでに検索広告を実施していて、その広告文をディスプレイ広告でも活用したい場合は、効果が良かった広告文の一部を抜粋して使うのがおすすめです。中でも、数値的な根拠や料金などは、バナーの要素としても適しています〔図表19-1〕。

　短く簡潔なキャッチコピーを考案し、それをバナーの要素としながら、バナー構成の5つの型をデザイナーとの共通言語としつつ、制作のステップへと進みましょう。そして、より多くのバナーを作り出し、試してみることが成功への近道になるはずです。（宝田）

検索広告の広告文の一部をコピーにする　〔図表19-1〕

効果が良かった
検索広告のコピーを
バナーに流用

> バナー構成の型は、広告運用者とデザイナーの共通言語として適しています。「今回はこの要素を2つの型で展開したい」といった検討を踏まえて制作に進みましょう。

20

とにかく王道な「キャッチコピー型」

キャッチコピーがいちばん目立つように配置する

> コピーライティングによる言葉の力を、最大限に出し切ることを目指した型です。コピーを大きく、一瞬で認識できるように配置することで、他のコンテンツと一緒に表示されてもユーザーを行動へと導きます。

文字数を減らし、視認性を高めることにも注力

「これ！」というキャッチコピーが決まったら迷わず採用すべきなのが、バナー構成の型の1つ「キャッチコピー型」です。その名前の通り、キャッチコピーをメインにしたバナーのレイアウトで、次の図のような300×250ピクセルのサイズの場合、バナーの50％以上をキャッチコピーが占めるくらいに目立たせます〔図表20-1〕。

ディスプレイ広告のバナーは多くの場合、ニュースサイトなどのWebメディアのトップページや記事ページに表示されます。メディアの記事を読みに来たユーザーが、広告に目を止める時間は1秒もありません。そのため、どのような人が見ても、キャッチコピーとその内容を瞬時に理解できるようにしておく必要があります。そのために意識すべきなのは次の2点です。

コピーの文字数を最小限にする

できるだけキャッチコピーの文字数を減らせないかを意識してください。削りどころは難しいですが、なくても効果

が変わらない言葉を探し、省いていきます。目安としては15文字以内、できれば10文字以内を目指しましょう。

コピーの視認性を高めたデザインにする

ありがちなのが、キャッチコピーの文字と画像が重なっていて読めないケースです。こうした場合に文字の視認性を高めるには、ドロップシャドウを付ける、縁取りをする（袋文字にする）、帯状の背景を付けるなどの方法があります。デザインの領域となるため、デザイナーには命令口調で指示するのではなく、あくまで視認性を高めるための提案として伝えるようにしましょう。（宝田）

キャッチコピー型のバナー事例　（図表20-1）

バナーの50%以上をコピーが占めるくらい目立たせる

> **まとめ**
> いかに優れたコピーでも、読んでもらえなければ伝わりません。「情報量が多すぎて読めない」「画像と重なって読めない」といったことのないようにしましょう。

21

利用シーンを切り取る「UI/UX型」

商品のいちばん盛り上がるワンシーンをバナーに

UI（ユーザーインターフェース）やUX（ユーザー体験）をバナー上で再現し、ユーザーが商品を手にしたときの喜びをイメージさせる型です。ビジュアルが中心となるため、単純に見て楽しいバナーでもあります。

開封シーンや実際の利用シーンを使うのが定番

「UI/UX型」は、商品やサービスを購入・契約したユーザーが、それらを利用したときに最もうれしいと感じるシーンを切り取ってバナーにするという構成手法です。キャッチコピー型と並んで使い勝手の良い、万能な型です。

ユーザーがうれしいと感じるシーンとしては、「商品が届いて箱を開封するシーン」「商品を実際に使う・食べるシーン」「スマートフォンでサービスの画面を操作しているシーン」などが代表例として挙げられます。こうしたシーンを写真で大きく見せつつ、キャッチコピーや価格を付記するのが基本です〔図表21-1〕。

コピーのみでベネフィットを訴求すると、どうしても宣伝っぽさが出てしまうものですが、UI/UX型では利用シーンのビジュアルがメインとなるため、コピーの広告感がある程度は打ち消されます。宣伝っぽさが弱まることで、Webメディアの記事などにバナーが溶け込み、興味を持ったユーザーが自然に広告をクリックしてくれる効果が期待できるでしょう。

どのシーンを切り取っていいか分からないときは？

とはいえ、ユーザーが最もうれしいと感じるシーンは、そう簡単には見つかりません。社内で商品の開発担当者に聞いたり、顧客からアンケートをとったりする方法もありますが、その本人がはっきりとは認識していないことも多いです。

そのような場合は、商品の購入から到着、利用、その後（誰かに贈るなど）まで、一連のフローをとにかく書き出すのが1つの解決策となります。思い当たるシーンからバナーを作成し、テストを繰り返してみることをおすすめします。

なお、UI/UX型の構成は、動画広告とも相性が良いです。静止画のバナーよりも視覚的、かつ動的に伝えられるため、その瞬間をユーザーがイメージしやすく、高い効果が期待できます。（宝田）

UI/UX型のバナー事例　〔図表 **21-1**〕

商品開封時の
ワクワクする瞬間を
バナーにしている

数量限定

Taizen
Facial Cream

たっぷり10日分、ぜーんぶ入って
初回限定 **1,080**円（税込）

送料無料
詳しくはこちら

商品と出会ってからユーザーが満足するまでには、さまざまな過程があるはずです。その中からいくつかのシーンを切り取り、効果の差異を検証してみましょう。

22

ひと目で価値を伝える「比較型」

画像を使って対比すれば狭いバナー内でも効果大

自社商品と他の何かとの比較を、画像の力で一瞬で理解してもらうための型です。不等号やグラフなどで見せ方を工夫することで、キャッチコピーの文字では伝えきれない情報をバナーの狭い領域で表現できます。

天秤やグラフを使って視覚的に比較する

キャッチコピーの型にも比較型がありましたが、テキストだけでなく画像とセットにすると視覚的に伝わりやすくなり、さらに強力になります。自社の商品と他の何かを画像と組み合わせて対比させるのが、「比較型」のバナー構成です。

バナーにはさまざまなサイズがありますが、いずれにしてもWebページ全体からすれば狭い領域です。その中で情報を伝えるには限界がありますが、ターゲットがすでに認知している自社商品以外の何かを登場させ、それよりも自社商品が勝っていることを表現できれば、狭い領域でも多くの情報を伝えることが可能になります。この点が、比較型を使う最大のメリットです。

比較型のバナー構成の見せ方には以下のようなものがあり、次の図に示す4つの事例がそれぞれに対応しています。〔図表22-1〕。

・不等号　　　・グラフや表

・天秤　　　　・ビフォーアフター

誰も傷つかないものを比較対象に選ぶ

　バナー構成としての比較型は、自社と比較する対象が画像として登場するだけに、何を対象として選ぶかが重要です。競合商品との比較は効果的かもしれませんが、かなり角が立った表現となるため、やめておくべきです。

　以下の事例では、BASE BREADの比較対象としてサラダチキンを選び、他社商品の特定を避けつつ利点を伝えています。他にも「持ち家」と「賃貸」、「先月の料金」と「今月の料金」、「バイト代」と「フリマ売上」といった比較が考えられるでしょう。(宝田)

比較型のバナー事例　［図表**22-1**］

3

バナー

> **まとめ**
>
> 比較型は、キャッチコピーと画像を組み合わせることで効果が強力になります。比較対象は慎重に選びつつ、さまざまな見せ方を試してみましょう。

23

チラシのように訴求する「テキスト型」

文字中心＋限定訴求＋独特のテイストで訴求

「在庫限り」「急募」などのキャッチコピーを派手な色使いであしらい、文字組みを中心とした読ませる広告にして興味を引くための型です。チラシのように、限定感のある訴求との相性が特に良いのが特徴です。

昔ながらのチラシをネット広告のバナーで再現

自宅に届く地元のスーパーや業者のチラシに、つい目が留まったことはありませんか? 昔ながらの宣伝手法ですが、今でも通用する普遍的な魅力を持っています。そのチラシの構成を、そのままバナー広告に適用するのが「テキスト型」です。

テキスト型のバナー構成では、いかにもプロが作った洗練された広告であるよりも、あえて広告感を残します。以下のような限定訴求のコピーとの相性が特に良く、赤・白・黒などといった主張のはっきりした色を使うと効果的です。

- ・期間限定
- ・○日まで
- ・在庫限り
- ・急募

お願いされると断わりにくい心理を突く

テキスト型の事例では、「モニター急募」や「ご協力お願いします」といった訴求に、効果が良い傾向があります〔図表23-1〕。

通常、広告は「これはとても良い商品です」(なので、みなさんも買うべきです)といった押し売り的な訴求になりがちですが、逆に「ぜひ商品を買っていただけないでしょうか？」というお願いをするわけです。バナーという少ない情報の中で、どれだけ人間的な温かみを出せるかがポイントではないかと思います。

　文字のフォントについては、明朝体からゴシック体、その逆への変更などでも、効果が変わることがあります。また、キャッチコピー以外の、バナー中段にあるテキストの変更で成果が変わることも確認しており、意外と読まれているようです。(宝田)

テキスト型のバナー事例 〔図表23-1〕

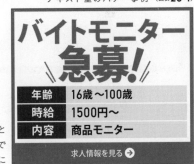

「急募！」のコピーと
ゴシック体のフォントで
チラシ風のデザインに

フリマサービスを
あえて「お願い」訴求で
宣伝している

> **まとめ**
>
> チラシ風のデザインと限定訴求で効果を狙うのがテキスト型です。「期間限定」などのコピーと組み合わせて、どのような訴求ができるか考えてみましょう。

24
顕在層へのリタゲに効く「クチコミ型」

実際のお客さまの声と写真をバナーに盛り込む

> お客さまの声や、お客さまが実際に撮影した写真を効果的に使うための型です。キャッチコピーの共感型のように広告感を抑える印象があるとともに、すでに商品を知っている人に響く効果が期待できます。

すでに商品を認知・検討している層に好適

　バナー構成の最後に紹介する「クチコミ型」は、その名の通り、実際のお客さまの声や画像をバナー化するという型です。商品やサービスを購入・契約する前に、ネットを使ってクチコミ（レビュー）を調べるという消費者行動は今では当たり前になりましたが、そのクチコミを想起させるキャッチコピーと画像で訴求します〔図表24-1〕。

　クチコミ型の広告は、すでに購入を検討中である顕在層へのリターゲティング（※1）施策で、特に効果を発揮します。また、バナーの量産にも適しており、1つデザインを作れば、クチコミのテキストと、商品もしくはお客さまの画像を差し替えるだけで、さまざまなバリエーションを作成することが可能です。

実際のクチコミがなければ共感型のコピーを使う

　クチコミ型の素材として優先度が高いのは、実際のお客さまの声と、お客さまが提供してくれる画像です。しかし、いつでも手に入るわけではないので、足りないものは自社で用意します。

※1　リターゲティング
過去に自社サイトなどを訪問したことがあるユーザーをターゲットに広告を配信する手法のこと。例えば、商品購入ページまで到達したものの購入はしなかったユーザーに対して、再訪問を促す広告を表示する。

発売して間もない新商品などで、まだお客さまの声がない場合には、自分の感想をキャッチコピーにする方法があります。これにはキャッチコピーの型で紹介した共感型を参考にしてください。例えば「便利ですよ！」という表現を「助かってます！」にするだけでも、クチコミらしく見せることが可能です。

　画像がない場合には、同様のシチュエーションを再現した画像で代用します。このとき、プロのカメラマンによる撮影やストックフォトではなく、あえて自分のスマートフォンで撮影するのも良いでしょう。お客さまの目線を取り入れた画像に近づけるはずです。（宝田）

クチコミ型のバナー事例　〔図表**24-1**〕

教育系サービスを
お客さまのクチコミと
イメージ写真で訴求

手書き風のフォントと
生活感のある写真で
クチコミらしさを演出

> **まとめ**
> クチコミ型はリターゲティングに効果的で、量産もしやすい構成です。お客さまの声と、自分で撮影した写真を組み合わせてバナーを作成するのもおすすめです。

25

CTRの向上には
ターゲティングも重要

ムダなクリックを生まないための基本方針

高いCTRを狙うことはバナー作成の大前提ですが、ただCTRを上げるだけでは広告費が増えるだけです。キャッチコピーとバナー構成の型を踏まえつつ、適したターゲットに配信することも意識してください。

CTR「だけ」を上げる思考はNG

バナーの成否を判断するうえで、最初に注目すべき指標がCTR（クリック率）であることはすでに説明しました（P.80）。

CTRが高い広告は広告媒体から優遇され、割安で出稿することが可能になります。この理由には「クリックされている」＝「ユーザーから求められている」情報であると解釈できる点や、媒体側の収益につながりやすい点が挙げられます。

多くのネット広告は
クリック課金だから、
広告がクリックされるほど
媒体は儲かるわけだよね

しかし、私たち広告運用者にとっては、CTRは高ければ良いとは限りません。仮に「100万円が必ずもらえるキャンペーン」などとバナーに記載すれば、CTRは簡単に上がります。また、価格の大幅なディスカウントを提示したバナーや、アプリの広告で見かけるゲーム要素のあるバナーも、CTRが上がりやすくなります。

一方で、そのような方法でクリックを得ても、費用対効果があわない、ムダなクリックばかりでコンバージョンに結びつかない、といったことが往々にして起こります。あくまで商品の価値を伝えるうえで、CTRが向上する強い要素を見つけることが重要です。

CTRは広告のターゲティング設定でも大きく変わる

CTRを向上させるためには、バナーの出来を良くすることももちろんですが、「そのバナーを使った広告をどのようなターゲティング設定で配信するのか？」も忘れてはなりません。

同じバナーであっても、ターゲティングを変えただけでCTRが改善することは容易に起こりえます。単純な例を挙げれば、資産運用の広告を全年代に配信した場合と、50代にターゲティングを絞って配信した場合では、後者のほうがCTRが高くなるでしょう。

ネット広告のターゲティングには、デモグラフィック、配信面、オーディエンスリスト、検索キーワードリストなどの複数の方法があり、本書のChapter 5では主要な広告媒体ごとに効果的なターゲティングを紹介しています。あわせて参考にしてください。(宝田)

3

バナー

> バナーのCTRは、商品の価値を伝える強い要素を入れることと、適切なターゲティング設定をすることで、ムダなクリックを含まない意味のある向上が期待できます。

まとめ

26

「あとひと押し」で CVRは底上げできる

バナーをクリックする前に買う気にさせる

CVR、すなわちコンバージョン率はネット広告の成果指標としてポピュラーであり、最も重要な指標であることは間違いありません。このCVRをバナーの工夫で上げていくために必要な考え方を整理します。

バナーだけで購入モチベーションを上げるポイント

自動入札における入札戦略(※1)では、「どの指標の向上を目的とするか?」を選択できます。多くの場合、入札戦略ではコンバージョンの最適化を目的とするため、仮にCTRが同じ広告が複数あれば、その中でもCVRの高い広告にインプレッション(※2)が集まるよう、配信が調整されていきます。

つまり、バナーの作成にあたっては、まずCTRが高く、さらにCVRも高い状態を目指すことになります。CTRについては前節で述べた通りですが、CVRを上げるうえでポイントになるのが、「クリックする前のユーザーの購入モチベーションを上げる」ことです。

購入モチベーションが低ければ、ユーザーは興味本位でバナーをクリックしていると解釈できます。これではいかに優れた商品であっても、実際に購入する可能性は低くなってしまいます。

CVRを上げるにはLPも重要なので、「バナーだけでは難しいのでは?」と考える人も多いでしょう。しかし、ここまでで紹介したキャッチコピーとバナー構成の型を踏まえてバナーを作成し、かつ

※1 入札戦略
自動入札を実行するにあたり、何を重視しながら運用するかを定めた方針・計画のこと。広告運用者が事前に指定した獲得単価(CPA)を達成しつつ、最大のコンバージョン数を獲得するように入札する「目標コンバージョン単価」が代表例。

次のような「ひと押し」を加えることで購入モチベーションを上げられれば、バナーだけでもCVRの向上が期待できます。

数量の希少性

「在庫限り」「残りわずか」「100個限定」「おひとり様1個限り」「いま売れてます」など。

時間の希少性

「○日まで」「3日間限定」「先着順」「タイムセール」「夏限定セール」など。

お得感

「初回半額」「○%OFF」「10,000円引き」「もう1個プレゼント」「10%増量中」など。

権威性

「芸能人愛用」「○○大学教授もおすすめ」「有名シェフ監修」「○○賞受賞」など。

なお、仮に他社のCVRを知る機会があり、それよりも自社のCVRのほうが高かったとしても、良いという判断にはならないことに注意してください。コンバージョンの定義はさまざまであり、それによってCVRも異なるからです。CVRの善し悪しは、自社のアカウント内でのみ考慮するようにしましょう。(宝田)

> **まとめ**
>
> CTRが高く、かつCVRの高い広告を開発することが、バナー作成における1つのゴールです。ムダなクリックを省き、モチベーションをアップさせる工夫をしましょう。

※2 インプレッション
広告の表示回数のこと。「imp」(インプ)とも略される。

27

要素の優先順位で
バナーの効果は変わる

効果がイマイチだったら優先順位を見直そう

ユーザーがバナーを見たとき、どの要素から順に認識するかは、広告運用者が最初に決めた優先順位が大いに関係します。優先順位の有無が与える影響と、それを踏まえたデザインにするためのコツを紹介します。

コピーを強調する？ 価格を強調する？

　バナーを作成する3つのステップの1つ目で、広告運用者は要素の洗い出しと優先順位を決めることになりますが（P.76）、本節では優先順位の重要性をあらためて強調したいと思います。なぜなら、同じ要素を使ったバナーであっても、優先順位の有無によって効果が変わってくるからです。

　次に示す2つのバナーを見てください〔図表27-1〕。これらは同じ商品、かつ同じ要素で作成していますが、Aは要素の優先順位を指定せずにデザインを制作しました。一方、Bはキャッチコピーの「30%OFF」の優先順位を高くしています。

　バナーの第一印象として、Aはコピーと商品写真が同じタイミングで認識されると思います。対してBは、まずコピーの「30%OFF」が目に飛び込んできて、その次に写真を認識する、という順序になるのではないでしょうか。どちらが優れているかは実際に配信してみないと分かりませんが、情報が伝わる順序が違うということは、一見して分かるのではないかと思います。

要素の優先順位を
指定していない

「30%OFF」を
最優先にデザイン

3

バナー

デザイン後は各要素の強調の度合いをチェック

　作成したバナーを配信したあと、効果がイマイチだと感じた場合
は、要素の優先順位を変えたうえで、あらためて構成や制作（デザイン）
を進めましょう。スケジュールやコストに余裕があるなら、最初か
ら優先順位を変えた複数パターンを作成しておくのも手です。

　要素の優先順位を変えてデザインを発注したら、その仕上がりを
確認するとき、広告運用者としては次の2点に注目してください。

① 要素の強調の度合いに明確な差があるか
② 要素の視認性に問題はないか

まず①ですが、例えばキャッチコピーを優先したいのか、商品写真を優先したいのかが「どっちつかず」なデザインは、仕上がりとして不十分です。優先したいほうが極端に強調されているデザインのほうが、うまくいくことが多いといえます。

②は、例えば写真を強調した結果、コピーが読みにくくなってしまうケースなどです。PCでは問題ないものの、スマートフォンで見ると文字が読めないケースも発生しがちなので、確認を怠らないようにしてください。

文字数の増加、価格の強調は逆効果になることも

要素の優先順位を変えるときにやりがちな間違いとして、「コピーを強調するために文字数を多くする」ことが挙げられます。しかし、文字数を多くすると、文字のサイズを小さくしてバナーの領域内に収めることになるため、コピーそのものの視認性が大きく損なわれます。コピーを強調したければ、むしろ余計な表現をそぎ落とし、文字数を減らすようにしてください。

また、筆者の経験上、価格が最初に認識されるバナーのCTRは下がる傾向にあります。おそらく、商品の良さを把握する前に「この金額なら買わない」と、思考が離脱してしまうのが原因だと思われます。価格に自信がある商品の場合は良いのですが、そうでない場合は価格の優先順位を高くしないことをおすすめします。(宝田)

> **まとめ**
>
> 同じ要素のバナーでも、各要素の優先順位と強調の度合いが変わると、効果の違ったバナーに生まれ変わります。バリエーションを増やす基本テクニックです。

28
競合の広告を調査せよ

ライバルになり得る広告を調査する方法

私たちの商品や広告は、ユーザーの目によって常に比較されています。コピーやバナーをはじめとしたクリエイティブで他社を上回るために、2つの意味での「競合」について調べる方法を見ていきましょう。

競合商品の広告だけが「競合」ではない

バナーの要素出しの段階からぜひやっておいてほしいのが、競合の広告の調査です。ここでいう競合には次の2つがあります。

配信面での競合

バナーを配信しようと考えているプレースメント(※1)に表示されている他社の広告です。商品のジャンルが異なっていても、配信面が同じであれば、広告の表示機会を得るために競合となります。実際の広告を確認し、どうすればCTRやCVRで勝てるかを考えましょう。

商品としての競合

どのような商品であれ、ユーザーは比較検討をするものです。配信面にかかわらず、商品としての競合の広告はチェックしておき、競合が訴求しているポイントは何か、自社が勝てる要素は何かを検討しておきます。

※1 プレースメント
広告を表示できる場所のこと。「配信面」と同じ。

配信面での競合は「プライベートブラウズ」でチェック

　配信面での競合を調査するには、実際にその配信面を表示してみればいいのですが、1つ注意が必要です。いつも使っているWebブラウザーでアクセスすると、自分の閲覧履歴に基づくCookieによってパーソナライズされた状態で広告が表示されてしまいます。

　iPhoneのSafariの場合、次の手順を参考に「プライベートブラウズ」に切り替えれば、パーソナライズされていない状態の広告を確認できます。ブラウザーに保存されているCookieが無視されることで、リターゲティングではない、ブロードターゲティング^{（※2）}のバナーのみを見つけられるはずです。

　そして、他社でブロード配信されているバナーが表示されたということは、そのバナーはCTRが高く、継続して出ているようであればCVRも高いと予想されます。つまり「他社で成功している参考になるバナー」だということです。そのバナーを上回ることを目標に、良いバナーの作成に取り組みましょう。

（実 施 手 順）

① iPhoneの場合、Safariを起動して画面右下にあるタブ一覧のアイコンをタップする。

② タブ一覧画面の画面下部中央にある［○個のタブ］をタップする。

③ ［タブグループ］メニューで［プライベート］をタップする。プライベートブラウズに切り替わり、すべてのCookieを無視した状態でWebページを閲覧できる。

④ 元に戻すには、タブ一覧画面で［プライベート］をタップしたあとに［○個のタブ］をタップする。

商品としての競合は「広告ライブラリ」を活用

　商品としての競合を調査するには、Meta社が提供している「広告ライブラリ」^{（※3）}を使う方法がおすすめです。

　広告ライブラリにアクセスし、商品名やジャンル名などのキーワードで検索すると、掲載開始日が新しいものから順に、実際に配

※2　ブロードターゲティング
リターゲティングや興味関心によるターゲティングを
行わず、性別・年齢・地域のみを指定して広告を配信
する手法のこと。

※3　広告ライブラリ
https://www.facebook.com/ads/library/

信されている広告が表示されます〔図表28-1〕。広告をクリックすると遷移先のLPも確認できますが、このクリックは課金対象にならないため、気兼ねなくクリックして問題ありません。

注意点としては、現在アクティブになっている広告しか表示されないことが挙げられます。つまり、成果が悪くて配信が停止されている広告は確認できません。ただ、これを逆手にとると、掲載開始日が古いにもかかわらずアクティブな広告は「勝ちクリエイティブ」である可能性が高く、特に参考になるといえます。

キーワードで検索しても競合他社の広告が表示されない場合は、類似ジャンルの大手企業の広告を参考にするのもおすすめです。膨大な予算を投下して勝ち残っている可能性があるクリエイティブを確認することができるはずです。〔宝田〕

Meta社の広告ライブラリ 〔図表28-1〕

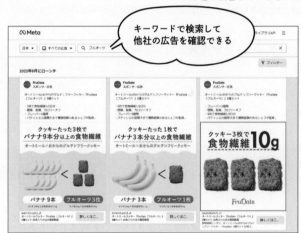

まとめ

商品としての競合をチェックしたら、自社と他社の広告の両方を見たユーザーが自社を選んでくれるように、バナーで訴求するポイントや表現方法を考えましょう。

29

バナーの命は
視認性

1秒でどれだけの情報を与えられるかで決まる

広告運用者にとっては、バナーのデザインが美しいか
どうかよりも、成果が出るかどうかのほうが重要なは
ずです。そのために欠かせないのがコピーや画像の視
認性で、運用者が必ずチェックすべきといえます。

視認性の基準は「1秒で内容が頭に入ってくるか」

デザイナーから納品されたバナーの善し悪しを見極めたいとき、
筆者が重視ししている1つの基準があります。それは「1秒で内容が
頭に入ってくるか？」という点です。

デザインが完了したバナーの画像をPCやスマートフォンの画面に
表示しておき、いったん目を閉じます。そして、目を開いて1秒をカ
ウントし、また閉じます。その後、バナーが伝えようとしている内容
が、本当に頭に入ってきたかを確認します。自分だけでチェックす
るのではなく、複数人で試してみるとなお良いでしょう。

バナーの内容が1秒で頭に入ってくるということは、それだけ視認
性の高いバナーであると判断できます。そして、視認性が高いか低
いかは、バナーのデザインによって変わってきます。

視認性の差異が成果にどう影響するのかをテストしてみたのが、
次に示す2つのバナーです〔図表**29-1**〕。Aはキャッチコピーを白地に配
置し、余白を広く設けています。一方のBは、コピーに白帯を敷いた
うえで、写真の上に大きく配置しています。

AとBのバナーを実際に配信した結果は、CTR（クリック率）、CVR（コンバージョン率）ともにBのほうが優秀な結果となりました。

視認性の異なるバナー　〔図表**29-1**〕

コピーを白地に
配置して余白を広く

コピーに白帯を敷き
写真の上に配置

余白の美しさよりもテキストや画像の見やすさが大事

　上記のAとBのバナーを見比べて、「1秒で内容が頭に入ってくるか？」という質問をされたときに、よりポジティブに回答できるのはBでしょう。配信結果はあくまで一例ですが、こうした視認性の違いがバナーの成果に大きな差異をもたらすことは、筆者は何度も経験しています。

　キャッチコピーについては、一般に次のポイントを押さえることで視認性をアップさせることが可能です。

- 文字数を減らす

- 文字のサイズを大きくする

- 文字を太くする

- 文字の色を読みやすくする

- 文字のフォントを変更する （明朝体からゴシック体など）

　ただ、1秒以内に情報を伝えるうえで、より改善の幅が大きいのは画像です。テキストは読まないと頭に入ってきませんが、画像では直感的な情報の伝達が可能だからです。コピーが伝えたい内容を画像として表現できれば、より高い効果を発揮するでしょう。

　ユーザーが実際にバナー広告を見るのは、ニュースサイトなどの記事の中です。画面をスクロールする手を止めて、バナーを1秒以上見てもらえる保証はどこにもないため、バナーのデザインは「視認性が命」と肝に銘じてください。（宝田）

まとめ

バナーの善し悪しを判断する基準として「1秒でユーザーに伝わるか」という視点は極めて重要です。視認性を常に保ち、伝わりやすいデザインを意識しましょう。

30
横展開時の変数は 1要素に絞る

コピーのみ、画像のみの入れ替えでテストに臨む

> 成功したバナーのバリエーションを作ること自体は、誰でも思いつくことだと思いますが、闇雲に量産しても何が良かったのかが分かりません。変更する要素＝変数を1つに絞って行うのがポイントです。

有望なバナーはすぐにバリエーションを作る

　実際に広告配信を開始したあと、あるバナーの効果が良さそうだという感触を得たならば、すかさずそのバナーの「横展開」に取りかかりましょう。ここでいう横展開とは「類似したバナーを作る」という意味です。

　そして、バナーを横展開するときには、変数となる要素を1つに固定し、できるだけ多くのパターンをテストすることを原則としてください。例えば、以下に3つ挙げるようなイメージです。バナーの事例は次の図で示します〔図表30-1〕。

　このときに「全体をこんなふうに変えたら効果が出るはず」と、自分の直感に頼るのは禁物です。あくまで1要素のみを変更し、他の要素は維持しつつ横展開するのがルールです。

- キャッチコピーのみを変える
- 画像（写真素材やイラスト）のみを変える
- 背景のテイストのみを変える

オリジナル

最初に作成したバナー

コピーのみを変える

「糖質 30%OFF」を
「1 食に必要な栄養素が
すべてとれる。」に変更

画像のみを変える

背景にある商品の写真を変更

効果の良い要素を残してテストを繰り返す

　横展開したバナーを作成できたら、それらを実際に広告として配信し、テストを実施します。それぞれの成果を確認すると、効果の良いバナーと悪いバナーはもちろん、中にはまったくインプレッションが出ないバナーも出てくると思います。

　効果が良かったバナーは、そのバリエーションの変数とした要素が当たりであったと判断できます。つまり、オリジナルのバナーも良かったが、その要素を改善すると、さらに良い成果が期待できるということです。続けて同じ要素で横展開し、テストを繰り返していきましょう。

　効果が悪かったバナーも、「自分のこだわりのコピーを使ったから」「画像の準備に工数がかかったから」といった理由で残したくなることがありますが、そういった考えはできるだけ捨てて、数値のみを正義としてテストすることをおすすめします。ネット広告のクリエイティブは、こだわりや工数よりもスピード重視です。

　なお、まったくインプレッションが出なかったバナーは「配信がうまくいかなかっただけでは？」と、そのまま切り捨てていいものか不安になるかもしれません。しかし、自動入札に好かれるか嫌われるかも、バナーの実力のうちです。嫌われてしまったのが運の尽きと受け止め、評価する必要はないと考えます。(宝田)

> **まとめ**
> 「勝ちバナー」が見つかったら、その要素を分解して横展開したバナーを作成しましょう。実際の配信によるテストも実施し、さらに磨きをかけていきます。

31
最初の入稿は
5本程度に絞る

厳選した仮説から学びを得て次につなげる

バナーを量産できるめどが立ったとしても、あまり多くのバナーを一度に広告として配信するのはおすすめしません。配信後の検証までをセットとして考え、ノウハウを蓄積可能な本数で進めていきましょう。

大量に入稿しても日の目を見ずに終わってしまう

「ディスプレイ広告の配信を開始するとき、最初はどのくらいの本数のバナーを入稿すべきか？」と質問されることがよくあります。これは筆者の経験上、5本程度が最適だと考えています。

仮に50本のバナーを入稿した場合、すべてのバナーにインプレッションが行き届くまでには、相応の時間と費用がかかります。また、広告媒体による最適化により、結局十分なインプレッションを得る機会がないまま、配信が収束していくバナーも多くなってしまうでしょう。せっかく作ったバナーの大半が、何の手応えもなく役目を終えてしまっては忍びないですよね。

一度に入稿するバナーの本数を考えるときは、それが「仮説の数」だと捉えてみてください。50個の仮説を一気に試すよりは、その中でも感覚的に優れているであろうと思える5個に絞るほうが、手応えを得られやすいはずです。5本程度のバナーを配信し、CTRやCVRの傾向がつかめてきたら、勝ち上がったバナーと類似する仮説を次のバナーとして具体化していきましょう。

最初は手動入札で徐々に単価を上げる

配信時の入札単価については、その広告媒体での初期の配信で、少ない予算から徐々に拡大していきたい場合、手動での入札で開始することをおすすめします。Facebook/Instagram広告では最初から自動入札になりますが、Google広告では手動入札が可能です。

本書の冒頭でも述べたとおり、近年のネット広告では自動入札が主流であることは事実です。しかし、そのアカウントでの最初の配信においては、機械学習による学びがゼロの状態であるといえます。学びがゼロの機械学習による最適化よりは、まだ人間のほうが確度が高いと筆者は信じています。

Google広告での手動入札の場合、広告運用者が上限クリック単価《※1》を設定することになります。この設定は、石橋を叩くくらいでちょうどいいです。「こんなに低いCPCでは配信されないのでは?」と思うくらいから、1円単位で徐々に上げていきましょう。予算を使いすぎないように気をつけながら、最適なCPCを見つけていきます。

ただし、Google広告ではキャンペーンの日予算に注意してください。設定した金額が上限になるわけではなく、最大で2倍の金額が日予算として消化されることがあります。(宝田)

バナーが勝った理由、負けた理由をよく考えることは、そのバナーに込めた仮説を検証することと同じだね

> **まとめ**
> バナーの作成が軌道に乗っても、一度に入稿するのは5本程度が適切です。その5本から得た情報をもとに、次の仮説=新しいバナーを展開していきましょう。

※1 上限クリック単価
「上限CPC」とも呼ぶ。広告の1クリックに対して支払いが可能な上限額のこと。CPCは「Cost Per Click」の略。

32

UI/UX型は動画や GIFアニメにも好適

ただ目立たせるのではなく商品体験を強調する

> Webメディアなどの広告枠で、動くバナー広告を目にすることも多くなりました。動画やGIFアニメーションを広告のクリエイティブにしたいときは、バナー構成のUI/UX型を取り入れるとうまくいきます。

商品の利用シーンをパラパラ漫画のように表現

CTRが高い広告を作成することを目指そう、という話を何度かしてきましたが、その手段として「バナーを動画やGIFアニメーションにする」というのも一案です。人間は止まっているものより、動いているもののほうが目に留まりやすいからです。

静止画から動画・GIFアニメへと展開するうえで適しているのは、バナー構成の5つの型でいうとUI/UX型です。UI/UX型は「利用シーンを切り取る」型なので、その利用シーンをアニメーションとして表現する、というわけです。UI/UX型の静止画バナーで効果が良いものは、動きのあるバナーへの展開を積極的に検討しましょう。

Googleのディスプレイ広告の場合、バナーのファイルサイズやアニメーションの長さに制限があるため[※1]、目安として4枚程度の静止画をパラパラ漫画のように切り替えるようなアニメーションに留める必要があります。GIFアニメのバナーはPhotoshopなどで制作できるので、デザイナーに依頼しましょう。筆者の経験上、アニメ化すると特に効果的なシーンは次の2つです。

※1　ファイルサイズや長さの制限
Googke広告の「アップロード型ディスプレイ広告の仕様」においては、ファイルの最大サイズは150KB、アニメーションの長さは30秒以下と定められている。
https://support.google.com/google-ads/answer/1722096?hl=ja

商品を利用するシーン

例えば、次の図に示すように、おいしそうなパンをちぎって今まさに食べようとしている場面をアニメーションにします〔図表32-1〕。商品を利用するイメージがより湧くことで、広告のクリックを促す効果が期待できます。

商品を開封するシーン

ネットで注文した商品が自宅に届き、箱から取り出す場面をアニメーションにします。多くの人にとってワクワク感のあるシーンとなるはずです。

ただし、例えばキャッチコピーを点滅させるなど、単に強調するだけのアニメーションでは効果が上がりにくい感触があります。商品の体験を伝えるために、動きを生かすようにしましょう。〔宝田〕

GIFアニメ化したUI／UX型のバナー 〔図表**32-1**〕

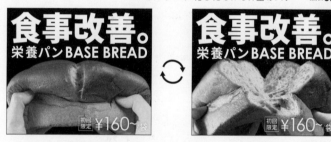

商品の利用シーンをパラパラ漫画のように見せている

> **まとめ**
>
> UI／UX型のバナーは、GIFアニメーションへと展開することで改善が期待できます。利用シーンに動きをつけ、商品体験をよりリアルに表現できるようにしましょう。

33
顕在層でのテストで
勝ちバナーを見つける

潜在層へのターゲティングと拡大を確度高く行う

潜在層を開拓したくても成果が上がらず、苦労した経験がある人も多いと思いますが、リスクを抑える方法があります。顕在層で勝ち上がったバナーを潜在層のターゲティングに使い、成功確率を上げましょう。

何もしなければ顕在層は枯れてしまう

ネット広告においては、すでに商品を認知・検討している顕在層だけを狙って配信していても、獲得できるコンバージョンはいずれ頭打ちになっていきます。既存の顕在層に対して広告を打ち尽くした結果、次第に効果が下がってしまうからです。

広告の効果を拡大しようという段階では、まだ商品を認知していない潜在層にアプローチし、潜在層を顕在層へと転換していく努力をすべきです。しかし、潜在層は商品を知らなければ興味もないため、同じCPA〈※1〉でコンバージョンを獲得しようとした場合、顕在層をターゲットにするよりも難易度が上がります。

潜在層を狙ううえで最初に取り組みたいのが、「顕在層に向けたバナーのうち、高い成果を上げたバナーを潜在層にも配信してテストする」という方法です〔図表33-1〕。何の知見がない中でも、潜在層へのターゲティングの成功確率を上げることができます。

各広告媒体で顕在層・潜在層にアプローチするための主なターゲティング設定は、次に示す表を参考にしてください〔図表33-2〕。

※1　CPA
「Cost per Acquisition」の略で、「顧客獲得単価」の意味。1件のコンバージョンを獲得するためにかかった費用のこと。

筆者の経験では、潜在層で有効なバナーは顕在層でも有効とは限りませんが、顕在層で有効なバナーは潜在層でも有効です。顕在層向けに作成したバナーが優秀な結果を残した場合は、それを潜在層にも配信すると勝率が上がり、コンバージョンを爆発的に伸ばすことができるはずです。(宝田)

顕在層向けの勝ちバナーを潜在層へ　〔図表**33-1**〕

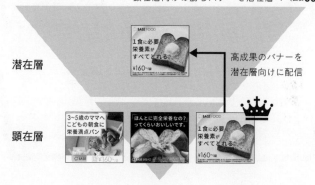

潜在層

高成果のバナーを
潜在層向けに配信

顕在層

顕在層・潜在層向けの主なターゲティング設定　〔図表**33-2**〕

ターゲット	広告媒体	ターゲティング設定
潜在層	全媒体共通	年齢・性別のみ
	Google（GDN）	コンテンツターゲット（ビッグワード）
	Facebook/Instagram広告	類似オーディエンス（類似度5%）、興味関心ターゲティング
	YDA	興味関心ターゲティング
顕在層	全媒体共通	LP訪問ユーザーへのリターゲティング
	Google（GDN）	コンテンツターゲット（顕在ワード）
	Google（ファインド広告）	カスタムセグメント（検索したユーザーのみを指定）
	Facebook/Instagram広告	類似オーディエンス（類似度1%）
	YDA	サーチターゲティング

まとめ

　潜在層と顕在層では、獲得できるバナーに違いがあります。さらに潜在層は難易度が高いので、顕在層で勝ち抜いたバナーを使ってテストをするのがおすすめです。

34

サイズ展開の起点は
300×250が王道

自社作成バナーで経験を積んでからレスポンシブへ

> Googleのアドネットワークである「GDN」は、ディスプレイ広告の配信先として筆頭といえますが、中でも300×250のサイズは外せません。まずこのサイズで経験を積み、他のサイズへと展開しましょう。

まずは300×250のサイズで効果の良い訴求軸を探す

　Googleが持つディスプレイ広告のネットワークである「GDN」[※1]では、配信面にあわせた多様なサイズのクリエイティブを使用できます。また、自社で作成した一枚絵のバナー画像をアップロードするだけでなく、テキストや商品・ロゴの画像などを素材として登録し、それらを機械学習によって自動的に組み合わせて広告を作成する「レスポンシブ広告」も使うこともできます。

　このように複数のサイズと種類がある中、最初に取り組むべきディスプレイ広告は、サイズが300×250ピクセル（横×縦）、かつ自社作成のバナーを使用するタイプが王道といえます。巻頭の事例集をはじめ、本書に掲載しているサンプルがすべて300×250と同じ比率、かつ自社作成バナーになっているのも、それが理由です。

　まずは300×250の自社作成バナーで効果の良い訴求軸を探し、安定して成果が出る訴求軸をある程度絞っていく。その後、自社作成バナーに加えてレスポンシブ広告も展開していくのが、筆者のおすすめするサイズ展開の流れになります。

※1　GDN
「Google Display Network」の略。Googleが提携している200万以上のWebサイト、アプリ、YouTube、Gmailなどの配信面で構成されるアドネットワーク。

Googleのディスプレイ広告で推奨される主なサイズ

GDNで推奨される主なサイズを次の図に示します〔図表**34-1**〕。300×250は「レクタングル」と呼ばれるサイズで、自社作成バナーを使うときは、このサイズぴったりの画像を用意したうえで管理画面からアップロードし、広告として配信します。

レクタングル以外では、スマートフォン向けの320×100のサイズである「モバイルバナー」のCPAが良い傾向があります。

ディスプレイ広告の主なサイズ〔図表**34-1**〕

一方、レスポンシブ広告では、広告として表示されるサイズは上記と共通ですが、素材として登録する画像のサイズは自社作成バナーとは異なります。以下のように画像とロゴ、横長とスクエアのそれぞれに、推奨・最小サイズが定められています。

- 横長画像　　　　推奨：1200×628　　最小：600×314
- スクエア画像　　推奨：1200×1200　最小：300×300
- 横長ロゴ　　　　推奨：1200×300　　最小：512×128
- スクエアロゴ　　推奨：1200×1200　最小：128×128

300×250のサイズは良質な配信面が多い

　自社作成バナーとレスポンシブ広告では、同じディスプレイ広告であっても、次の図表のような違いがあります。見た目の違いのほか、伝えたい要素の柔軟性や配信面の質が異なっており、それぞれの特徴を理解したうえで使い分けるべきです。

ディスプレイ広告の種類による違い 〔図表**34-2**〕

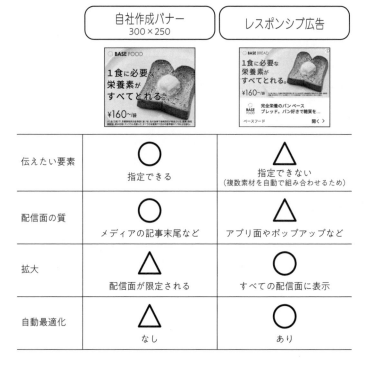

	自社作成バナー 300×250	レスポンシブ広告
伝えたい要素	◯ 指定できる	△ 指定できない (複数素材を自動で組み合わせるため)
配信面の質	◯ メディアの記事末尾など	△ アプリ面やポップアップなど
拡大	△ 配信面が限定される	◯ すべての配信面に表示
自動最適化	△ なし	◯ あり

　そして、図表で示した通り、300×250のサイズには配信面が良質な傾向があるという特徴があります。このサイズのディスプレイ広告は、Webメディアの記事ページの末尾などに掲載される可能性が高いため、ユーザーが記事を読んだあと、バナーの情報もしっかり読み込んでからクリックしてくれることが期待できます。その結果、CTR、CVRともに高くなりやすいと考察しています。

また、300×250の正方形に近い比率は、自社作成バナーの特徴でもある、伝えたい要素が確実に伝えられるメリットを存分に生かせることも良い点であると考えます。横長や縦長のバナーと比べて情報を配置しやすく、狙い通りの訴求ができるでしょう。

なお、同じく正方形に近い比率としては336×280のサイズもありますが、若干CPAが高くなる傾向があるため、やはり最初は300×250がおすすめだといえます。

レスポンシブ広告では機械学習による自動化を生かす

300×250の自社作成バナーでうまくいったクリエイティブが生まれたら、その要素をレスポンシブ広告にも展開しましょう。レスポンシブディスプレイ広告の特徴としては、サイズの網羅による配信拡大と、自動入札の最適化をかけられる点が挙げられます。サイズや配信面、テキストの最適化を自動的に行いつつ、配信量を一気に伸ばすことができるでしょう。

逆に、レスポンシブ広告のデメリットは、クリエイティブの評価が「良」「最良」のように、数値ではなくアバウトな単位でしか確認できないことです。結果の検証がしにくくなってしまうので、最初からレスポンシブ広告を開始するよりは、自社作成バナーで効果の良い要素の傾向をしっかりつかむことが大切です。(宝田)

まとめ

ディスプレイ広告のサイズはさまざまであり、素材を自動で組み合わせるレスポンシブ広告もあります。しかし最初は、300×250の自社作成バナーで始めるのが王道です。

35

LTV重視なら
奥の体験を想像させよ

ユーザー体験のフェーズを読み解いて訴求を変える

今すぐに購入してくれるユーザーも大事ですが、長きにわたって自社に売上をもたらし続けてくれるユーザーも重要です。LTVに注目することで、そうした人々にも意図的にスポットライトを当てましょう。

短期的な成果だけでなく長期的な成果も見る

　ネット広告を運用するにあたっての成果指標として、近年では「LTV」(Life Time Value) も注目されています。一般に「顧客生涯価値」と訳され、「平均購入回数×平均購入単価」という式で計算します。

　成果指標としてはCVR (コンバージョン率) やCPA (獲得単価) がポピュラーですが、これらが短期的に追う指標であるのに対し、LTVは長期的に計測する指標であるという点が異なります。広告運用者は、これらの指標の両方を追う姿勢を持つべきです。

　例えば、次の表に挙げた2つの広告のうち、どちらを強化すべきかを考えてみましょう〔図表35-1〕。CPAだけで見れば、コンバージョンを安価に獲得できている広告Aのほうが優れており、初回購入を効率的に得られているといえます。しかし、広告Bで獲得した顧客は平均購入回数が多く、LTVまで考慮すると広告Bのほうを強化すべき、という判断になります。

　つまり、バナーの評価時には短期的な成果だけでなく、長期的な成果につながるかまで考慮すべきだということです。

広告	CPA	平均購入回数	平均購入単価	LTV
広告A	¥3,000	2	¥5,000	¥10,000
広告B	¥5,000	5	¥4,000	¥20,000

ユーザー体験の奥への訴求でLTV向上が期待できる

　広告のLTVを高めるには、商品を購入するときのユーザー体験を意識し、その中でも「奥の体験」を引き出すための訴求をすることが重要です。次の図を例に説明します〔図表35-2〕。

ユーザー体験のフェーズとLTVの関係 〔図表35-2〕

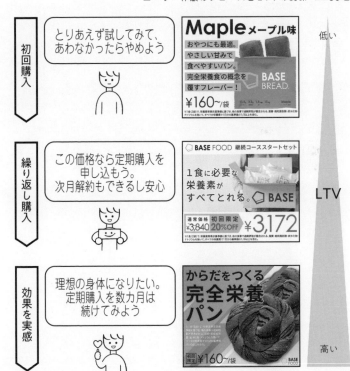

初回購入　とりあえず試してみて、あわなかったらやめよう

繰り返し購入　この価格なら定期購入を申し込もう。次月解約もできるし安心

効果を実感　理想の身体になりたい。定期購入を数カ月は続けてみよう

低い　LTV　高い

前掲の図では、商品としてBASE BREADを想定し、いちばん左側にユーザー体験の段階を「初回購入」「繰り返し購入」「効果を実感」の3つに分けて記載しています。その右側では、各段階におけるユーザーの思考を表現しました。

　そして、各段階に適したバナー事例を示しつつ、いちばん右側にLTVの高低を記載しています。上側ほどユーザー体験が浅く、下側ほど深い、つまり「奥の体験」を表しているというわけです。

　「初回購入」フェーズにいるユーザーに対して訴求するのであれば、「完全栄養食の概念を覆すフレーバー！」といったコピーで商品を知らない人にアピールしつつ、「¥160〜/袋」と安価で購入できる説明をバナーに含めるのが良いでしょう。「手軽に試してみたい」「好みにあわなかったらやめよう」といったユーザーの思考ともマッチするため、安価なCPAで獲得できる可能性が高まります。しかし、LTVは低くなります。

　そこから1つ進んだ「繰り返し購入」フェーズのユーザーなら、定期購入の初回限定割引などをコピーに含めるのが適切です。そして、最も奥にある「効果を実感」フェーズでは、すでに商品の魅力をよく知っており、理想の体を目指したいユーザーに対して「からだをつくる完全栄養パン」といった価値を広告で伝えます。CPAは高くなりますが、ユーザーの思考としては長期利用をイメージしやすくなるため、LTVを上げることが可能です。

　CPAとLTVのバランスをとることは難しいですが、ユーザー体験のフェーズを意識してテストを繰り返し、それぞれのフェーズでヒットするバナーを発掘していきましょう。（宝田）

> **まとめ**
>
> CPAが悪くても、LTVは良いクリエイティブが存在します。ユーザー体験のフェーズを意識し、より「奥の体験」を訴求することでLTVの向上が期待できるでしょう。

36

運用者が持つべき
デザインの引き出し

コピーを強調するための5つのバリエーション

> バナーの量産が進めば進むほど、いつの間にかデザインのパターンが決まっていることに気付くかもしれません。最近のバナーデザインで定番となっている「あしらい」を覚えて、常に変化を付けましょう。

案出しに困ったときの定番の解決策

バナーのバリエーションは、多いに越したことはありません。同じ要素、同じ構成であっても、制作（デザイン）のステップでなるべく多くのバリエーションを用意し、実際に広告として配信してみることでテストを重ねてみたいものです。

しかし、デザイナーからは絞られた案しか提出されないことがありますし、広告運用者としても、バナーの作成を繰り返すうちにアイデアが枯渇して、気の利いたフィードバックができなくなることが起こりがちです。そうしたときに使えるデザインの引き出しとして、キャッチコピーを強調する5つの案を紹介します。

ただし前述したように、広告運用者がデザイナーの仕事に対して、あれこれと細かく指定しすぎるのは禁物です。あくまで「こういったバリエーションも作ってもらえないか？」と相談するための案として、利用するようにしてください。

また、5つのバリエーションのうち、どれが成果が出やすいかどうかは、もともとのバナーのデザインや商品によっても変わってきま

す。まずはより多くのバリエーションを作ってテストし、そのバナー、その商品に関して効果が良いものを見つけていくことを心掛けてください。

① 帯を敷く

コピーの視認率を上げるために最もおすすめなのは、文字の下に帯を敷く方法です〔図表**36-1**〕。複雑な背景の上にコピーを配置したい場合に特に便利で、背景の影響を受けず、文字色の選択肢も広がります。

コピーに帯を敷く 〔図表**36-1**〕

朝食、悩まない！
栄養満点のパン

◇ BASE 初回限定 ¥160〜/袋

コピーの下に帯を敷き、写真の上に重ねても視認性を確保している

② ドロップシャドウやフチを付ける

コピーが背景に馴染んでしまって視認性が下がっている場合には、文字にドロップシャドウ（影）を付けたり、フチを付けて袋文字にするのも定番のバリエーションです。例えば、淡い色の背景に淡い色の文字を載せるなら、濃い色のドロップシャドウやフチを付けると効果的です。それでも効果がなければ①の帯を検討します。

③ グラデーションをかける

文字にグラデーションをかけると、光沢感や立体感を出す効果があります〔図表**36-2**〕。ただし、デザインのシンプルさが失われるので、商品を選ぶ強調方法になります。

コピーの文字の一部を
グラデーションに

④ 大きさを変える

重要なことを大きくするのはもちろんですが、「重要では
ないことを小さくする」のも大切です。コピーの1行目と2
行目で大きさを変えるなど、メリハリを付けることで何を
伝えたいバナーなのかがはっきりします〔図表**36-3**〕。

コピーの大きさを変える 〔図表**36-3**〕

コピーの大きさを変えて
メリハリを付けている

⑤ フォントを変える

文字のフォントによっても、強調の度合いや雰囲気が変わ
ります。上品で知的なイメージを持つ明朝体、汎用性があ
りポップさも表現できるゴシック体がメジャーですが、手
書き風や筆文字のフォントも、バナーのデザインや商品の
世界観にあっていれば有効です〔図表**36-4**〕。（宝田）

コピーのフォントを変える 〔図表**36-4**〕

コピーを手書き風の
フォントにしている

> **まとめ**
>
> バナーのバリエーションを増やしてテストを重ねることは、
> 広告運用者にとって非常に大切です。手間でもデザイナー
> に相談し、試したい表現を網羅しましょう。

37

「○○なのに○○」で インパクトを出す

ギャップを全面に出したバナーでCTRを上げる

キャッチコピーやバナーの作成に慣れてきたときに振り返りたいのが、「インパクトのある内容になっているか?」です。ユーザーに素通りされてしまうような、退屈な広告にしないためのコツを見ていきます。

SNSのコンテンツに負けない強い訴求を探す

　誰もがスマートフォンを持ち、WebメディアやSNSを日常的に利用する時代になったことで、多くの人が洗練された質の高いコンテンツを浴びるように見ています。また、それらを友人や知り合いがいいねしたり、シェアしたりすることで、自分の嗜好にあった情報が何もしなくても集まってくる状況が生まれています。

　ディスプレイ広告は、そのようなコンテンツがある場所が配信面となるため、単に商品の説明だけを伝えていては、簡単にスルーされてしまいます。キャッチコピーとバナーにはインパクトが必要なのです。そこでぜひ試してほしいのが、「○○なのに○○」と表現できるような自社商品のギャップを探すことです。

　AKB48のコンセプトとして有名な「会いに行けるアイドル」は、「○○なのに○○」の代表例といえるでしょう。普通、アイドルにはなかなか会えないものですが、会うことができてしまう。ここにギャップがあります。こうしたギャップがあればあるほど、インパクトが生まれるというわけです。

そして、バナーにおいては「○○なのに○○」をコピーだけでなく、構成やデザインも含めて全面に推し出します。具体的には下図のようなもので、「おいしそうなパンなのに、糖質30%OFF」というギャップをバナー全体で訴求しています〔図表37-1〕。

ギャップを訴求したバナー 〔図表**37-1**〕

コピーと写真の組み合わせで商品のギャップを表現している

　バナーでの訴求で効きそうなギャップには、他にも以下のようなものがあります。「○○なのに○○」という型を使って、洗い出してみてください。(宝田)

- 不動産の会社なのに、営業しない

- クッキーなのに、栄養たっぷり

- マッチングアプリなのに、メッセージ不要で会える

- 弁護士なのに、無料で相談できる

- 美容整形なのに、10万円もしない

- オーダーメイドなのに、即日発送される

> まとめ
>
> 商品の特徴・機能を直球で紹介するバナーだけでは、他のコンテンツに埋もれてしまいがちです。ギャップの訴求に集中し、広告にインパクトを加えてみましょう。

38
バナーは配信面と
セットで考えろ

バナーの表現方法は広告の1要素でしかない

> ディスプレイ広告には多様な配信面があるため、それがWebメディアなのかSNSなのか、どのSNSなのかによっても成果の出やすいクリエイティブは変わります。それぞれの特徴を見て改善のヒントを得ましょう。

広告としての実際の見え方は配信面でかなり異なる

　バナーについて考えるとき、ほとんどの人は「自社の商品やサービスをいかにして魅力的に見せるか?」を考えるのではないでしょうか。そのアプローチは、もちろん間違いではありません。

　特に広告配信の初期段階では、GoogleやYahoo!のディスプレイ広告で顕著ですが、どのような配信面に表示されるのかが予測できません。よって、まずは商品を魅力的に見せることだけに集中して、バナーを作成するというアプローチが適しています。

　しかし、作成したバナーが実際に広告として表示されたときの見え方は、配信面によってさまざまです。

　例えば、YDA [※1] の場合、同じ300×300ピクセルのバナーでも、Yahoo!ニュース面ではある程度の視認性が確保されているものの、Yahoo!メール面ではアイコンレベルでしか表示されないという違いがあります [図表38-1]。Yahoo!メール面での配信を考慮すると、300×300のバナーには小さな文字を入れるべきではない、ということが分かります。

※1　YDA
「Yahoo Display Ads」の略で、正式名称は「Yahoo!ディスプレイ広告(運用型)」。2021年6月で終了したYahoo!ディスプレイアドネットワーク(YDN)の後継版。

Yahoo!メール面の広告 〔図表**38-1**〕

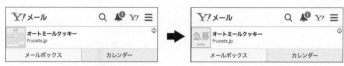

アイコン並みのサイズでも読めるバナーにする必要がある

　また、視認性以外にも、配信面ごとの「○○っぽさ」を意識することも大切です。例えば、Instagramのストーリーズ面ではユーザー加工風の装飾や、ボタンの位置を目立たせるデザインにするとクリック率が上がりやすいなど、各SNSのユーザーにとって自然に見えるかたちで情報を届けるための工夫が求められます〔図表**38-2**〕。

Instagramのストーリーズ面の広告 〔図表**38-2**〕

よい数値が出ている配信面から順に改善していく

バナー作成の初期段階では、配信面を意識せずに商品の魅力的な訴求に注力しましょう。そして、実際に広告配信を開始した以降は、配信面をチェックしつつ「この配信面でクリック率やコンバージョン率を上げるにはどうすればよいか?」という観点で最適化していく流れがおすすめです。

すべての配信面に対して、最初から個別にバナーを用意していこうとするのは、手間と効率のバランスが悪く、現実的ではありません。実際にインプレッションやクリックが多い配信面から、順に攻略していく流れで問題ありません。

とはいえ、配信面ごとにバナーを最適化することよりも、バナーそのものの訴求を磨くことのほうが優先度が高い、ということは忘れないようにしてください。ひとたび大ヒットのバナーを作ってしまえば、特定の配信面やサイズに関係なく、あらゆる配信面で抜きん出た成果を上げることは珍しくありません。

訴求や表現のテストがある程度進み、さらなる数値改善を進めていきたい段階になったときに、配信面ごとの最適化が力を発揮すると覚えておいてください。(宝田)

> ネット広告は、あらゆる配信面で異なった表示のされ方をしています。バナーの表現方法ばかりを工夫するのではなく、配信面に注目して最適化する流れも重要です。

39
過去の実績を
デザイナーに共有せよ

運用者の知見を共有し、共通のものさしを持つ

> デザイナーへの依頼時には、バナーの要素や構成については、もちろんのこと、過去のバナーの実績を伝えることも大切です。「なぜ良かったのか？」を一緒に検討し、成果が出るバナーの共通認識を作りましょう。

バナーの出来不出来は発注で決まる

　バナーの作成は広告運用者のみでは完結せず、デザイナーとの共同作業になります。このとき、どうしても起こってしまうのが、発注した内容とデザインの成果物の乖離からくるトラブルです。

　デザイナーからバナーの画像を納品されたとき、「あれ、何かイメージしていたのと違う……」と感じた経験は、多くの人が持っているのではないでしょうか。広告運用者としては「こう指示したつもりなのに、なぜその通りにやってくれないのか？」と、いら立ってしまう気持ちも分かります。

デザイナーとしては
「指示通りにやった」という
言い分もあるよね

しかし、バナーの出来不出来の大部分は、広告運用者からの発注で決まります。むやみにデザイナーの責任にせず、「自分の指示に不備があったかもしれない」と内省する機会にしたいものです。

筆者はバナー発注前に、下表のような過去実績をデザイナーに共有し、自分が持っている知見とデザイナーの知見をできる限り共通させることを心がけています〔図表39-1〕。共有するのは詳細な数値ではなく、「○」「△」「×」といった3段階程度で十分です。実績をシンプルに共有することで、広告運用者とデザイナーとの間に正誤のものさしができます。

こうした情報共有により、次回の発注時には「前回のバナーはこの要素が入っていたからCTRが良かったのでは？」など、デザイナーとともに新たな仮説を立てることができます。それはひいては、デザイナーならではの視点で成果を高めるアイデアを出してもらえる機会へとつながるでしょう。（宝田）

デザイナーに共有する過去実績 〔図表**39-1**〕

ステータス	バナー	CTR	CVR	CPA
配信中	糖質30%OFF ⊝BASE ¥160~	○	△	○
配信中	糖質30%OFF ⊝BASE ¥160~	△	△	×

> **まとめ**
> デザイナーに過去実績を共有することで、「何が良かったのか（悪かったのか）」という仮説に基づく議論が可能になり、バナーの改善や新規作成に貢献します。

40
良い写真素材の入手も 運用者の仕事

商品撮影に参加することも良い成果を生む条件

> 運用者が管理画面ばかりを見ている時代が終わり、ク
> リエイティブに積極的に関わる時代が来たということ
> は、写真素材などの準備も業務範囲に入ったというこ
> とです。現場に立ち会う機会を大事にしましょう。

写真の変更でバナーの成果が変わるのは当然

　広告代理店に在籍している運用者や、代理店またはデザイン事務
所に在籍するデザイナーの立場からすると、バナーやLPの素材とし
て使う商品写真は、クライアントから支給されるものをそのまま使う
ケースが多いのではないでしょうか。また、事業会社に在籍する運
用者やデザイナーでも、企画・開発部門に任せきりというケースが
多いかもしれません。

　しかし、キャッチコピーやバナー構成の型で成果が大きく変わる
のと同様に、写真そのものの変更でも、当然成果は変わります。特
に食品や化粧品といった有形、かつ一般消費者向けの商品は、「おい
しそう」「使いやすそう」「かわいい」「かっこいい」といった商品の魅
力を、写真で直感的に伝えることが重要です。

　誰かに任せきりにしたり、ありものの素材を使ったりするだけ
では、クリエイティブの努力で成果を伸ばす機会を狭めてしまいま
す。広告運用者やデザイナーも、自らの視点で成果が狙える写真素
材の開発に関わるようにしましょう。

プロのカメラマンに撮影を依頼するときのコツ

　商品写真をはじめとした写真の撮影は、プロのカメラマンに依頼するのが原則です。UGC ^(※1)風のクリエイティブであれば、自分のスマートフォンで撮影したものを使う手もありますが、そうではない場合、やはりプロにお願いするのがベストです。バナーやLPのメインビジュアルとして使ったときの印象がまるで違います。

　このとき、前節でも解説した過去実績の共有が、カメラマンに対しても有効です。また、撮影イメージに近いサンプル画像を画像検索やストックフォトなどから集めて、カメラマンにあらかじめ共有しておくと、よりスムーズに進めることができます。

　一方で注意が必要なのは、撮影時の構図やアングルなどを細かく指示しすぎていはいけない、ということです。過去実績やサンプル画像に加え、以下のようなオーダーを事前に伝えておけば、どのように撮影すべきかをカメラマンが考えてくれるはずです。

- 広告配信の目的
- 広告媒体と配信面
- バナーの構成とサイズ
- ターゲットユーザー
- ユーザーに伝えたいこと

　なお、撮影をカメラマンに依頼した場合、広告で使う商品撮影を複数カットで行うときの相場としては、最低でも10万円程度はかかると考えておく必要があります。もちろん、商品の特徴やジャンル、カット数、撮影場所や期間によっても異なりますが、コストを見積もるときの参考にしてください。

広告運用者もなるべく撮影に立ち会う

　写真素材の過去実績や撮影イメージを共有できていたとしても、実際に撮影後に仕上がった写真を見てみると、イメージと違ってしまっていることがよくあります。撮影当日には、広告運用者やデザ

※1　UGC
「User Generated Contents」の略。商品・サービスの提供企業ではなく、ユーザーによって生成されたコンテンツのこと。

イナーもなるべく現場に立ち会い、カメラマンに要望を伝えたり、逆にカメラマンからの相談に答えたりしながら、理想の写真に近づけていくことが重要です。

　一度撮影に立ち会ってみると分かると思いますが、商品写真の撮影は非常に時間がかかるものです。別の日に再撮影するとなると、費用だけでなく多大な時間をロスすることにつながってしまいます。しかし、広告運用者がその場で仕上がりを確認すれば、そうした失敗を防ぐことが可能です。

　また、デザイナーが同席することで「1200×628で使う横長の写真は、文字をここに入れるために余白を空けてほしい」「300×300で使う正方形の写真は、要素を真ん中にギュッと集合させてほしい」といった細かい要望を、現場で構図などを確認しながら指示することができるでしょう〔図表**40-1**〕。（辻井）

商品写真を撮影している様子　〔図表**40-1**〕

写真をその場で
確認しながら
デザインを想定した
指示が出せる

> まとめ
> バナーとLPにおいて、写真のクオリティは成果を大きく変える重要な要素です。誰かに任せきりにするのではなく、自分でも積極的に関わっていくようにしましょう。

41

なぜ動画ではなく静止画なのか？

仮に二択なら静止画を優先すべき３つの理由

> ネット広告の世界で、動画広告の勢いが増しているのは周知の事実です。しかし、本書が静止画を中心に解説していることには理由があり、動画を否定しているわけでもありません。この点を詳しく説明します。

2020 ～ 2021年の動画広告市場の伸びは30%以上

本書を執筆している2022年現在、動画広告の市場規模は年々増加しています。次に示すグラフは、毎年電通が発表している「日本の広告費」の2021年版より、「インターネット広告媒体費 詳細分析」[※1]を参考資料として引用したものです〔図表41-1〕。

この資料によると、2021年におけるディスプレイ広告費は6,856億円、動画広告費は5,128億円と、規模のうえではディスプレイ広告費が上回っています。しかし、2020年から2021年にかけての増加率を比較すると、前者は119.6%、後者は132.8%となり、動画広告費のほうが優勢です。

では今後、広告運用者は動画に注力すべきなのでしょうか？ 筆者の答えは「静止画に注力すべき」です。その理由は3つあります。

- 2024年頃までは静止画が引き続き主力となる

- 静止画作成のスキルは動画制作にも生かせる

- 静止画は動画よりもテストがしやすい

※1　2021年 日本の広告費 インターネット広告媒体費 詳細分析
https://www.dentsu.co.jp/news/release/2022/0309-010503.html

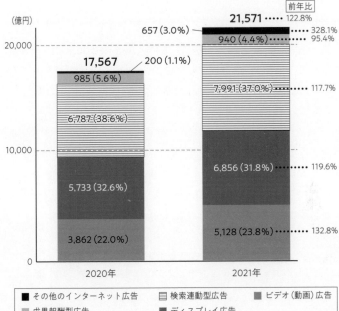

（億円）

前年比

21,571 ····· 122.8%

657 (3.0%) ····· 328.1%
940 (4.4%) ····· 95.4%

17,567   200 (1.1%)
985 (5.6%)

7,991 (37.0%) ····· 117.7%

6,787 (38.6%)

5,733 (32.6%)

6,856 (31.8%) ····· 119.6%

3,862 (22.0%)

5,128 (23.8%) ········ 132.8%

2020年   2021年

■ その他のインターネット広告　　▤ 検索連動型広告　　■ ビデオ（動画）広告
■ 成果報酬型広告　　■ ディスプレイ広告

ディスプレイ広告は当面主流でノウハウも豊富

　1つ目の理由「2024年頃までは静止画が引き続き主力となる」についてですが、動画広告の市場は急成長を続けているものの、ディスプレイ広告（静止画）の市場も引き続き伸びています。このままの推移を維持したとすると、2024年頃までは引き続き、検索広告（検索連動型広告）とディスプレイ広告がネット広告の種別としてツートップの位置に居続けるでしょう。

　ネット広告の運用に関するノウハウは、よく「水物」だといわれます。特に動画広告は急成長市場なだけに、身につけたスキルが2〜3年で陳腐化してしまう可能性も否定できません。動画 or 静止画の二択であれば、そうそう廃れない本質的なノウハウがある静止画に注力すべきだと筆者は考えます。

　もちろん、短期目線では静止画、長期目線で動画にも取り組むと

いう余力があるなら、その方法がベストです。

静止画の延長にあるのが動画のクリエイティブ

　ネット広告のクリエイティブは、動画・静止画と完全に分離して考えられるものではありません。静止画の延長にあるのが動画であり、それが2つ目の理由「静止画作成のスキルは動画制作にも生かせる」につながってきます。

　静止画のバナーを作るときに広告運用者が備えておくべきスキルのうち、コピーライティングや構成の立案、デザイナーやカメラマンとの折衝・素材開発などは、そのまま動画制作に生かせます。動画制作スキルを身につけたいなら、その前段階にある静止画作成スキルから基礎を磨くことは理にかなっています。

静止画のテストで得た知見は動画にも役立つ

　3つ目の理由「静止画は動画よりもテストがしやすい」は、経験がない人には分かりにくいかもしれません。動画は、特に音声を入れた動画の場合、部分的に変更しただけでも全体の構成に影響が出ます。そのため、静止画のようにコピーだけ、写真だけといった1要素だけ変更してテストすることがやりにくくなっています。

　「クリエイティブはテストして改善していくもの」という考えを前提とすると、ほぼ一発本番に近いかたちで動画を制作するよりも、静止画でテストを重ね、効果が良いコピーやデザインを把握してから動画化していく流れをとったほうが、「静止画も動画も完成度が高い状態」という最終地点に、より早く近づくことができるのではないでしょうか。(辻井)

> まとめ
>
> 動画広告市場の伸長は紛れもない事実であり、動画広告も活用したほうが成果は最大化します。しかし、限られたリソースを注力するなら静止画が優先といえます。

42
動画への挑戦は
カルーセルと縦長から

静止画の延長線で取り組みつつ工数を抑える

筆者が静止画と並行して動画に取り組んできた中で、
「動画広告にチャレンジするなら最初はこれ」といえ
るのが、YDAの動画広告と近年人気の縦長動画です。
特徴とクリエイティブのポイントを紹介します。

YDAは静止画よりも動画がとれる！

前節を踏まえ、静止画から動画にチャレンジするうえで最初にお
すすめできるのが、Yahoo!のディスプレイ広告（YDA）です。

動画広告は一般に、購入・契約といった獲得目的ではなく、認知
拡大などのブランディング目的で配信することが多く、費用対効果
があわないという印象があると思います。しかし、YDAの動画広告
は、静止画と同じ効果を出している事例も多くあります。

その理由としては、YDAの動画広告の見え方が、静止画を見る体
験に近いことが挙げられます。配信面は主にYahoo!のトップ面と
ニュース面で、ニュース記事の間に表示されるため、YouTubeのよう
に動画を見に来ているユーザーではなく、記事を読もうとしている
ユーザーが多いのが特徴となっています〔図表42-1〕。

筆者はYDAの動画広告を年間100本以上テストしてきましたが、
4枚ほどの静止画を組み合わせたカルーセル（※1）風の動画広告が、効
率・成果の両面で最も良かったと感じています。まさに静止画の延
長線として制作できるため、試す価値はあると思います。

※1　カルーセル
スワイプやドラッグの操作で、複数の画像を切り替え
ながら表示するデザインのこと。本来は「回転木馬」
「メリーゴーラウンド」の意味。

伸長する縦長動画にはUI/UX型の構成がハマる

　近年ではTiktokを筆頭に、Facebook/Instagramでも縦長動画の勢いが増してきていると感じます〔図表42-1〕。こうした縦長動画の広告にチャレンジしたい場合、バナー構成の型として紹介したUI/UX型のアプローチが適しています。

　商品が自宅に届いて開封するシーンや、商品を実際に使っているシーンなどをスマートフォンで撮影すれば、それが動画広告の素材になります。静止画で効果の良いキャッチコピーをもとにナレーションや字幕を入れれば、縦長動画広告の完成です。

　動画広告は工数の多さから後回しになってしまいがちですが、動画編集のハードルは年々下がっています。可能な範囲で、静止画で得た勝ちパターンの再現を狙ってみてください。（宝田）

YDAの動画広告とInstagramの縦長動画広告　〔図表**42-1**〕

> 動画は静止画よりもハードルが高くなりますが、YDAは見え方が静止画に近く、おすすめです。まずはカルーセル風の動画広告からチャレンジしてみましょう。

4

ランディング
ページ

あきらめずにテストを続けた者が勝つ

43

LPは低コストかつ短期間で作れる

「リソースがない」であきらめる時代ではなくなった

かつてのWeb制作は非常に手間とコストがかかりましたが、現在では便利なツールな多数登場しています。LPにも利用できるほか、ECの決済機能も備えているなど、簡単に作成できる環境が揃っています。

簡単に制作・修正できることがLPOにつながる

本章のテーマはランディングページです。LP (Landing Page) は本来「検索結果や広告を経由して、ユーザーがサイト内で最初にアクセスしたWebページ」のことを指しますが、「広告のリンク先として利用されるページ」という意味でも用いられます。

LPは一度完成したら終わりではなく、常に改善していくことが求められます。LPの改善は「LPO」(Landing Page Optimization：ランディングページ最適化) と呼ばれ、本章でこれから述べていくノウハウもLPOの一翼を担っているといえます。

ひと昔前であれば、LPやECサイトをゼロから作ろうとした場合、サーバーを契約し、Web制作者やエンジニアと要件定義・コーディング・実装・テストなどを数カ月間かけて進めたあとに完成するのが一般的でした。しかし、現在ではLPやECサイトを簡単に作成できるサービスが充実し、自由度は多少制限されるものの、低コストかつ短期間での制作が可能になっています。

筆者がおすすめする2つのサービスを次に紹介します。

Shopify

一般消費者への商品の販売が目的であれば、ECサイト開設サービスである「Shopify」(ショッピファイ)〈※1〉が適しています。最安の「ベーシック」プランは月額25ドルで、14日間の無料体験も可能です。LPに決済機能を組み込むのが簡単なほか、離脱が起きにくいインターフェースが最初から用意されています。

ペライチ

法人向け(BtoB)のサービスで、資料請求やセミナー参加などの申し込み完了が目的であれば、ペライチ〈※2〉がおすすめです[図表43-1]。基本的なLPをPowerPoint感覚で作成することができ、申し込んだユーザーのリストを管理できる画面なども用意されています。最安の「ライト」プランは月額1,465円(年払いの場合)です。(宝田)

ペライチの画面 [図表**43-1**]

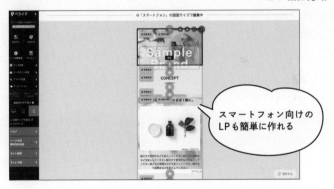

スマートフォン向けの
LPも簡単に作れる

> **まとめ**
> LP制作はかつてのように手間と費用がかかるものではなく、LPOもやりやすくなっています。既存のLPを最新のサービスに移行することも検討してみてください。

※1 Shopify
https://www.shopify.com/jp

※2 ペライチ
https://peraichi.com/

4

ランディングページ

44

LPの鉄板構成を把握せよ

最初から成果を上げるLPに共通する6つの要素

簡単に作成できる環境があっても、ゼロからLPを作るのは難しい作業です。また、すでにLPはあるが、何が正解なのかが分からないという悩みもあるでしょう。まずはここで紹介する6要素を盛り込んでください。

実績のあるLPの構成をスタート地点にする

LPの構成に正解はありません。商品が違えば最適な構成も変わるため、LPOによって常に改善を繰り返すことが求められます。いきなり100点満点を叩き出すLPを制作することは不可能です。

しかし、効果が良くなりやすいLPには、いくつかの共通点があるのも事実です。本節で解説する6つの構成要素を組み込むことをLP制作の基本とすることで、最初から70〜80点を目指すことができるでしょう。各要素の例は巻頭のLP事例集 (P.30) にカラーで掲載しているので、次に述べる概要とあわせて参照してください。

LPに用意したいコンテンツは
6つの構成要素として
ロジカルに説明できるよ！

① ファーストビュー

ファーストビュー (FV) は、ユーザーがLPにアクセスして最初に見る部分です。LPを訪れた全員が必ず視認する部分でもあるため、6つの構成要素のうち、最も重要な要素になります。ファーストビューがLPから生まれる効果の8割を左右する、といっても過言ではありません。

キャッチコピーそのものが重要であるのは当然として、ユーザーをLPに流入させるきっかけとなるバナーのコピーと比べたときに、違和感のないものである必要があります。同時に、ファーストビュー通過率を上げるため、次のコンテンツを早く読みたくなる内容であることも求められます。

② ファーストビューの実証

ファーストビューで提示したキャッチコピーを踏まえて、「そのコピーの内容って本当なの?」というユーザーの疑問に答えるための構成要素です。ファーストビューに続く部分なので「セカンドビュー」とも呼びます。

この構成要素では、ユーザーにコピーの内容について納得してもらうための理由を提示してください。その理由を読んで、ユーザーに「なるほど。自分にとって役に立ちそうだ」と感じてもらえることがゴールになります。グラフなどで表現するのも効果的です。

③ 比較・併用

構成要素①〜②のキャッチコピーとその実証で、無事に商品に興味を持ってもらえたときに、「この商品以外にも良いものがあるのではないか?」とユーザーに思われないようにするための構成要素です。

自社商品と他の何かを比較した結果を提示し、ユーザーの思考を解決してあげましょう。競合になりうる商品との比較や、他の商品と併用しても問題がないことを提案すると、効果が上がる傾向があります。

④ 権威・実績

人は権威に弱いところがあります。自分がまだ知らない商

品であればなおさらで、「著名人や専門家、書籍、テレビ、SNSなどで紹介されているなら、それは良いものに違いない」と考えやすいです。

また、「○○ランキング第1位」「○○賞受賞」といった実績も、ユーザーに行動を促す強力なメッセージになります。この構成要素により、ユーザーの購入判断をショートカットさせましょう。

⑤ 安心のクチコミ

Amazonや楽天などで商品を購入するとき、多くの人がレビューをチェックすると思います。ネットでは実物を手に取らずに商品を購入することになるため、本当に良い商品かを確かめたいときに、すでに購入したユーザーのクチコミは非常に頼りになります。LPの構成要素として配置し、購入への不安を取り除きましょう。

⑥ クロージング

お店で買い物をしているとき、「この商品が欲しい」と思っているのに、レジに向かう一歩がなかなか踏み出せない経験はありませんか? そのようなとき、店員さんの何気ない一言で購入を決心できたりするものです。

売り手からすると当たり前のことでも、お客さまにとっては最後のひと押しになることもあります。LPでは購入ボタンの文言などを変更し、改善していきましょう。(宝田)

まとめ

新規に作成するLPに組み込むのはもちろん、既存のLPにもこれら6つの構成要素が含まれているかを確認してみてください。各要素の詳細は、以降の節でも解説します。

45
A/Bテストは
チームを動かす切り札

特別なスキルや権力がなくても数値で説得できる

> LPが完成したあと、成果の改善を進めていくに当たっては、社内外の関係者を納得させ、アクションを促すための根拠が必要です。広告運用者にとって、そうした人々を動かすためのツールがA/Bテストです。

A/Bテストを根拠に社内外のアクションを引き出す

あなたは、多くの人をたちまち魅了するようなプレゼン能力をお持ちでしょうか？ あるいは、社内外のチームを「鶴の一声」で動かせるような役職に就いておられるでしょうか？

そのような人もいるとは思いますが、大半の読者のみなさんは、そうではないと思います。しかし、LPを改善していくにあたっては、社内はもちろん、クライアントやWeb制作会社など、さまざまな人々をそれぞれの作業に向かわせるための力が求められます。そこで必要になるのが、A/Bテストによる数値です。

「この施策は良いと思うので実装をお願いします」とただ依頼するだけでは、予算やリソースの不足などを理由に難色を示されがちです。しかし、「A/Bテストで有意な差が出ました。この施策で売上〇％アップが期待できるので、実装をお願いします」となれば、話は変わってくるでしょう。A/Bテストは、どのような能力や立場の人であっても、チームを説得してアクションを起こしてもらうための切り札になり得るのです。

A/Bテストツールで精度の高い検証ができる

ここで、A/Bテストとは何かをおさらいしておきます。Webサイトややまるにおけるおける A/Bテストとは、AパターンとBパターンで異なったコンテンツを作成したうえで、閲覧者となるユーザーにそれぞれのパターンをランダム、かつ50:50の割合で表示し、どちらのコンテンツの効果が良いのかを検証することです。

統計学においては、A/Bテストのことを「ランダム化比較試験」といいます。検証対象をランダムにグループ分けしてAパターンとBパターンに振り分けることで、少ない母数・期間でも、検証の精度を高めることが可能になります[※1]。GoogleオプティマイズをはじめとしたA/Bテストツールは、検証対象、つまりサイトを訪れるユーザーをランダムに振り分ける機械ということになります〔図表45-1〕。

現実の世界でA/Bテストをしようとすると、準備に費用がかかったり、外部要因の影響を受けたりすることがあります。しかし、WebサイトやLPのA/Bテストは、ツールによって簡単かつ正確に実施することが可能です。

なお、A/Bテストとは別に、複数の変更を同時にテストして最良の組み合わせパターンを特定する「多変量テスト」という方法もあります。Googleオプティマイズでは、A/Bテストだけでなく多変量テストも実施可能です。

テストの結果は翌日から確認できる

A/Bテストツールの面白いところは、テストを開始した翌日から結果が分かるということです。うまくいった場合にはすぐに成功体験が得られますし、うまくいかなかった場合でも、次のアクションへとすばやく移行できます。

また、A/Bテストの結果として、非常にはっきりとした数値が出ることもあります。次に示す画面は、Googleオプティマイズで得られたあるテストの結果です〔図表45-2〕。

この画面にはもとのLP（オリジナル）と、「商品詳細と購入ボタンを上に」と名付けた変更後のLPを比較した結果が表示されていますが、

※1
ポイントは「ランダム」という点で、A、Bのグループに偏り（バイアス）がないことから、グループ間での比較が可能になることが期待できる。詳しくは以下を参照。
安井翔太著（2020）『効果検証入門〜正しい比較のための因果推論／計量経済学の基礎』株式会社ホクソエム監修、技術評論社

ウェブテストセッションが「681」「689」とほぼ同数なのに対し、トランザクション（購入数）は「6」「14」と倍以上の差があります。さらにコンバージョン率は「0.88%」に対して「2.03%」と、後者のほうが有意に優れているという結果になっています。

　このような数値を根拠にすれば、社内外の関係者にアクションを促すことは難しくないはずです。A/Bテストは面倒と思われがちな作業ですが、ぜひ実施することに慣れ、チームを動かす切り札として活用してほしいと思います。（宝田）

A/Bテストのイメージ〔図表**45-1**〕

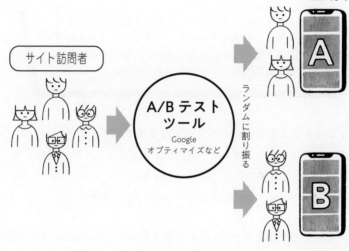

A/Bテストの結果〔図表**45-2**〕

変更したLPのほうが
優れた数値となっている

まとめ

　チームを動かしたければA/Bテストで証明する。それが広告運用者にとって、LP改善の最短距離となります。関係者の納得を生み、アクションにつなげましょう。

46

A/Bテストツールは
迷わずオプティマイズ

無料で高性能、Googleアナリティクスとも連携可能

> Googleオプティマイズの導入と初期設定の方法を紹
> 介します。Googleアナリティクスなどをすでに利用
> している人なら簡単だと思いますが、難しく感じる人
> はサイト管理者などに相談してください。

サイトへの導入と他のツールとの連携を済ませておく

世の中にはいくつものA/Bテストツールがありますが、最初に導入するなら、迷わずGoogleオプティマイズを選んでOKです[※1]。無料で利用できるので、社内でもスムーズに承認されるでしょう。

一応「同時に実施できるテストが5件まで」という制限がありますが、まったく支障はありません。筆者はむしろ、その制限に引っかかることを目標に日々テストを続けています。

Googleオプティマイズを導入すれば、デザイナーやエンジニアのようなスキルがなくても、まるでPowerPointのスライドを編集するような感覚でWebサイトやLPを修正できます。やる気さえあれば、「LPをこのように変更すれば成果が上がるのではないか?」という仮説を高速で検証し、PDCAを回すことが可能になるでしょう。

具体的な導入方法としては、次に挙げた5つのステップに分けられます。あらかじめLPを設置するWebサイトに、Googleタグマネージャー[※2]とGoogleアナリティクスが導入されていることを前提としているので、サイト管理者の協力を得ながら進めてください。

※1 Googleオプティマイズの代替サービス
Googleオプティマイズは2023年9月をもってサポート終了となります
(P.48)。Googleアナリティクス4で新しいA/Bテスト機能の発表が予定されていますが、代替となり得るかは不明です。その他の有料サービスでは
「Optimizely」「VWO」「Ptengine Experience」が候補となります。

1. アカウントを開設し、最初のテストを作成する

2. Googleアナリティクスとリンクする

3. Googleタグマネージャーでタグを作成する

4. GoogleタグマネージャーのGAタグを編集する

5. Chromeの拡張機能をインストールする

アカウントを開設し、最初のテストを作成する

1つ目のステップとして、Googleオプティマイズのアカウントを開設しましょう。業務で使用しているGoogleアカウントでログインしていれば、簡単に開設できます。

その後、すぐに最初のテストを作成する画面になります。仮の内容で構わないので、テスト名を入力して作成してください。Googleアナリティクスとの連携や、Googleタグマネージャーで利用するコンテナIDの取得が可能になるので、次のステップに進みます。

（実施手順）

① Googleオプティマイズのサイトにアクセスし、[利用を開始] をクリックして利用規約などに同意する。

② [エクスペリエンスを作成] 画面が表示されるので、最初のA/Bテストを作成する。仮の内容でも問題ない [図表46-1]。

Googleオプティマイズのテスト作成画面 [図表46-1]

[A/Bテスト] をクリックして最初のテストを作成する

※2　Googleタグマネージャー
Web解析や広告などの各種サービスをサイト内で稼働させるための「タグ」を一元管理できるツール。HTMLファイルなどにタグを直接記述する必要なく、管理画面上でタグの設置・削除、カスタマイズなどが可能になる。
https://tagmanager.google.com/

Googleアナリティクスとリンクする

2つ目のステップとして、GoogleオプティマイズとGoogleアナリティクスを連携させる設定を行います。オプティマイズを利用するうえで、アナリティクスが導入されていることは必須になりますが、多くのサイトですでに導入済みだと思います。

普段から利用しているGoogleアナリティクスのプロパティとリンクすることで、テストの結果をアナリティクスの画面から詳細に確認したり、アナリティクスで設定している「目標」をテストの測定基準として利用したりできるようになります。また、例えばサイトの既訪問者（リピーター）だけを対象にテストするなど、アナリティクスのセグメント機能で絞り込んだユーザーだけを、テストの対象にしたりすることも可能です。

（実施手順）

① Googleオプティマイズで作成したテストの画面で、［測定と目標］にある［アナリティクスへリンクする］をクリックする。

② ［プロパティのリンク］画面で、リンクしたいGoogleアナリティクスのプロパティを選択する〔図表**46-2**〕。

Googleアナリティクスとのリンク設定画面〔図表**46-2**〕

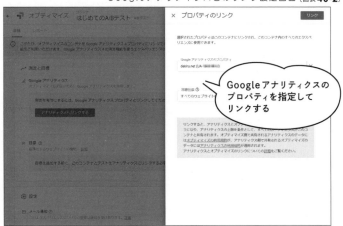

Googleタグマネージャーでタグを作成する

　3つ目のステップとして、Googleタグマネージャーのコンテナ内に、Googleオプティマイズのタグを作成します。これにより、タグマネージャーのコンテナがすでに設置されているWebサイトにオプティマイズを導入し、稼働させることが可能になります。

　タグマネージャーで作成したタグには、オプティマイズの「コンテナID」を入力する必要があります。オプティマイズの画面で確認したうえで入力してください。タグを発効させるためのトリガーは、テストの対象となるLPが含まれるように設定します。特に事情がなければ、Webサイト内の全ページにしても問題はありません。

　なお、Googleタグマネージャーの設定は、Google広告やGoogleアナリティクスをはじめとした他のサービスにも影響する可能性があるため、必ず管理者の監督のもとで行ってください。

〈実施手順〉

① Googleオプティマイズのコンテナメニューを開き、コンテナIDを確認する〔図表**46-3**〕。

② Googleタグマネージャーでタグを作成し、［タグタイプを選択］で［Google Optimize］を選択する。

③ タグの設定画面にある［オプティマイズ コンテナID］に、①で確認したIDを入力する。また、タグを発効させるためのトリガーを設定する〔図表**46-4**〕。

Googleオプティマイズのコンテナメニュー〔図表**46-3**〕

4

ランディングページ

Googleタグマネージャーのタグ作成画面〔図表**46-4**〕

GoogleタグマネージャーのGAタグを編集する

4つ目のステップとして、Googleタグマネージャーですでに発効中のGoogleアナリティクスのタグを編集します。［タグの順序付け］という設定を変更することで、Googleオプティマイズのタグが正しく動作するようにするのが目的です。

（実施手順）

① GoogleタグマネージャーでGoogleアナリティクスのタグを開き、［詳細設定］→［タグの順序付け］の設定項目を表示する。

② ［(GAタグの名称)が発効する前にタグを配信］にチェックを付け、［設定タグ］でGoogleオプティマイズのタグを選択する〔図表**46-5**〕。

GoogleタグマネージャーのGAタグ編集画面〔図表**46-5**〕

この設定後、タグマネージャーの変更内容を公開すると、3つ目の
ステップで作成したオプティマイズのタグと、4つ目のステップで編
集したアナリティクスのタグがWebサイトに反映されます。以上で、
サイトへのオプティマイズの導入が完了しました。

Chromeの拡張機能をインストールする

　最後の5つ目のステップは、WebブラウザーのGoogle Chromeを
使って、LPをパワポ感覚で編集できるようにするための準備です。
ChromeウェブストアからGoogleオプティマイズの拡張機能をイン
ストールすれば完了です〔図表46-6〕。（宝田）

Googleオプティマイズの Chorme 拡張機能〔図表**46-6**〕

Chromeウェブストアから
オプティマイズの
拡張機能を
インストールする

> **まとめ**
> Googleオプティマイズの導入には、アナリティクスの導
> 入が前提となり、タグマネージャーも導入されていると便
> 利です。サイト管理者と相談しつつ進めてください。

47

オプティマイズで覚えるべき 3つの編集機能

テキスト変更、画像変更、HTML挿入をマスターする

> Googleオプティマイズを使ったLPのA/Bテストを実施するうえで、最低限覚えておいてほしい編集機能を紹介します。最低限といっても、この3つの機能をマスターすればたいていのテストは行えるはずです。

もとのLPと比較するための「パターン」を追加

　Googleオプティマイズの導入が完了したら、実際にA/Bテストを実施しましょう。本節では、もとのLPと比較するための、もう1つのLPを作成するために必ず覚えたい編集機能と、テストの作成から開始までの流れを説明します。

　オプティマイズの画面上では、もとのLPを「オリジナル」、それを変更して比較するためのLPを「パターン」と表記しています。まずは以下の手順でパターンを追加し、編集画面を表示します。

（実施手順）

① Googleオプティマイズでテストを作成し、テストの設定画面を表示しておく。[ターゲティングとパターン]セクションで[パターンを追加]をクリックする。
② [パターンを追加]画面でパターン名を入力する。
③ パターンが追加される〔図表47-1〕。パターン名の右側にある[編集]をクリックすると、パターンの編集画面が表示される。

パターンの［編集］から
編集画面を開く

パターンの編集画面でオリジナルを変更していく

　パターンの編集画面には、最初はオリジナルがそのまま表示されています。この状態から、例えば「現状のLPよりもキャッチコピーを強調したら成果が上がるのではないか？」といった仮説に基づき、パターンを作成していくわけです。パターンをいくら変更しても、オリジナルには何の影響もないので安心してください。

　Googleオプティマイズにはさまざまな編集機能がありますが、最初に覚えてほしいのは「テキスト変更」「画像変更」「HTML挿入」の3つです。これらをマスターすれば、たいていのLPを自分が試してみたい内容に作り変えられるはずです。

テキスト変更でキャッチコピーを読みやすく

　A/Bテストを実施するにあたり、いちばんに取り掛かるべきなのがキャッチコピーです。最小の工数で編集でき、最大の効果が期待できます。テキスト変更機能を使えば、HTMLソースコードに触る必要なく、コピーの見た目を簡単に変更可能です。ファーストビューが画像で作成されている場合は、画像変更で対応できます。

　コピーをより読んでもらえるようにするため、フォント、大きさ、太字などの調整を行い、テキストの視認性を上げてみましょう。サイトの枠組みそのものを変更したい場合は、後述するHTML挿入機能の説明を参照してください。

4

ランディングページ

（実施手順）

① パターンの編集画面でLP内の文字をクリックする。

② 右下に編集メニューが表示される。［タイポグラフィ］セクションにある上から3つの項目が、それぞれフォント、大きさ、太字に対応している〔図表47-2〕。

パターン編集画面のテキスト変更機能 〔図表**47-2**〕

選択した文字を右側の
メニューで編集する

画像変更でメインビジュアルを差し替えてみる

　次に注目したいのが、LP内の画像です。ファーストビューに大きく掲載しているメインビジュアルがあるLPでは、それを差し替えることで成果が大きく変わるはずです。

　Googleオプティマイズの画像変更機能を使えば、URLを指定するだけで画像の差し替えが可能です。ただし、オプティマイズには画像をアップロードする機能がないため、WebサイトのCMS[※1]などを利用し、あらかじめ画像をサーバーにアップロードしておく必要がある点には注意してください。

（実施手順）

① パターンの編集画面でLP内の画像をクリックする。

② 編集メニューの［SOURCE］セクションにあるURLを変更すると、そのURLにある画像に差し替わる〔図表47-3〕。

※1　CMS
「Contents Management System」の略。
Webサイトを構築・管理するための
ツールを指し、「WordPress」が代表例。

[SOURCE] を変更すると
画像が差し替わる

HTML挿入でA/Bテストの幅が大きく広がる

テキストと画像の変更だけでも、LPの大部分が変わった印象にできますが、新しくコンテンツを追加したいときには、これらの機能では難しくなります。そこで覚えたいのがHTML挿入機能です。

WebサイトやLPはHTMLという言語で記述されており、そのソースコードには見出しを意味する<h1>〜<h6>タグ、段落をまとめる<p>タグ、ページ内のセクションやグループ化されたコンテンツを表す<section>タグや<div>タグがあります。これらをコピーして内容だけ書き換えるなどすれば、HTMLの知識がなくても、ある程度はコンテンツの追加ができるはずです。もちろん、A/Bテストを機にHTMLを学習するのも良いでしょう。

なお、要素内のテキストだけを編集したい場合は、以下の実施手順にある③で［テキストを編集］を選択すればOKです。

（実施手順）

① 追加したい**要素**をクリックし、［HTMLの編集］からHTMLソースコードをコピーする。

② パターンの**編集画面**で、LP内のコンテンツを追加したい付近にある**要素**をクリックする。

③ ［要素を編集］をクリックし、メニューから［HTMLを挿入］を選択する〔図表**47-4**〕。

④ ［HTMLの編集］画面が表示される。①でコピーしたソースコードをペーストして編集し、［適用］をクリックすると、パターンに反映される。

パターン編集画面のHTML挿入機能①〔図表**47-4**〕

勝敗の基準となる「目標」を設定してテスト開始

パターンの編集が完了したら保存し、テストの設定画面に戻ります。テストを開始するための最終設定を行いましょう。

まず、オリジナルとパターンへのアクセスの比率ですが、パターンを1つ作成した初期状態では50:50になっています。これはつまり、100人のユーザーがLPにアクセスしたら、ランダムに50人ずつ、オリジナルとパターンが表示されるということです。特に意図がなければ、この設定のままで構いません。

LPにアクセスしたユーザー全員をテストの対象にするのではなく、特定のユーザー、例えばスマートフォンでアクセスした人だけに絞ることもできます。この設定方法は次節で述べます。

最後に「目標」です。この目標とは、テストを実施した結果、オリジナルとパターンのどちらを勝者とするかを決めるための基準となる指標やユーザー行動のことを指します。

テストの設定画面にある［測定と目標］セクションでは、リンクしたGoogleアナリティクスで設定済みの目標のほか、［カスタム目標］として特定のイベントの発生、もしくは特定のページの表示を設定できます。例えば、［購入］ボタンのクリックやカートページの表示などを目標として設定しましょう。

　すべての設定が完了したら、テストを実行しましょう。標準では開始から3カ月後に有効期限が設定され、終了時にはメールで通知を受けることが可能です。(宝田)

（実施手順）

① パターンの編集画面で［保存］をクリックしてパターンを保存すると、テストの設定画面に戻る。

② ［測定と目標］セクションで目標を設定する〔図表**47-5**〕。

③ テストの設定画面の上部に「準備完了です。」と表示されたら、［開始］をクリックする。確認画面でも［開始］をクリックすると、テストが開始される。

テスト設定画面の［測定と目標］〔図表**47-5**〕

> **まとめ**
> ここで説明したGoogleオプティマイズの機能と、テストを開始するまでに必要な設定をマスターできれば、たいていのA/Bテストは実施できるようになるはずです。

48
テストの対象範囲を コントロールせよ

同じLPを使う他部署や代理店への影響を抑える

A/Bテストによって、LPが生み出す成果がむしろ悪化してしまう可能性も否定できません。他の関係者やビジネスそのものへの悪影響を抑えるために利用できるオプティマイズの機能を知っておきましょう。

反対意見や遠慮のためにテストが進まない事態を回避

LPのA/Bテストを実施するときのよくある悩みとして、社内の他部署やパートナーの広告代理店が同じLPを使っており、彼らに迷惑を掛けるのではないかという心配があります。もちろん、迷惑を掛けないことは大事ですが、反対意見や遠慮のためにテストが一向に進まないのも考え物です。

そのようなときは、テストの対象となるユーザーやトラフィックを特定の範囲に制限し、他部署や代理店への影響が最小限に抑えられるようにすると良いでしょう。「今回はこの範囲でテストを行いたい」という説明ができれば、納得も得やすいはずです。

Googleオプティマイズにおいて、テストの対象範囲を制限するために筆者がよく利用する機能は以下の3つです。順に解説します。

- オーディエンスターゲティングのデバイスカテゴリ
- オーディエンスターゲティングのUTMパラメータ
- トラフィックの割り当て

スマホからのアクセスやURLのパラメータで絞り込む

　オプティマイズのオーディエンスターゲティングとは、テストの対象範囲となるユーザーを制限する機能です。制限の基準となる条件は複数あり、中でも使いやすいのが「デバイスカテゴリ」と「UTMパラメータ」(※1) となります。Googleアナリティクスの利用経験がある人なら、なじみ深い用語ではないでしょうか。

　デバイスカテゴリは、ユーザーがアクセスに利用した端末で絞り込みます。カテゴリは3つあり、「desktop」はPC、「mobile」はスマートフォン、「tablet」はタブレットです。例えば、スマートフォンからLPにアクセスした人のみをテストの対象にできます。

　UTMパラメータは、URLの末尾に付与された文字列 (パラメータ) が一致するかどうかで絞り込みます。例えば、メールマガジンからLPに誘導するURLに「utm_campaign=2023newyearsale」というパラメータが含まれている場合、そのURLでアクセスしてきたユーザーだけをテストの対象にできます。UTMパラメータだけではなく、すべてのパラメータを指定してセグメント化することも可能です。

　PCで閲覧する人とスマートフォンで閲覧する人、新規ユーザーとメルマガ購読者 (リピーター) では、LPの見せ方や訴求に差を付けたほうが良いと考えられます。テストの対象範囲を絞るだけでなく、結果の精度を高めるうえでも活用したい機能だといえるでしょう。

（実施手順）

① テストの設定画面で、［オーディエンスターゲティング］セクションにある［カスタマイズ］をクリックする〔図表**48-1**〕。

② ［ルールタイプを選択］画面で［デバイスカテゴリ］または［UTMパラメータ］をクリックする〔図表**48-2**〕。

③ スマートフォンからのアクセスに絞りたい場合、［デバイスカテゴリ］［次と等しい］［mobile］と設定する。

④ 特定のUTMパラメータに一致するURLに絞りたい場合、［utm_campaign］［次と等しい］を選択し、パラメータの文字列を入力する〔図表**48-3**〕。

※1　UTMパラメータ
ユーザーの流入経路などを分類するため、URLの末尾に「？」で区切って付与された文字列のこと。Googleアナリティクスでの分析においては、以下のURLのように「utm_source」「utm_medium」「utm_campaign」の3つのパラメータを付与するのが一般的。
https://dekiru.net/lp/?utm_source=segmentA&utm_medium=segmentB&utm_campaign=segmentC

4

ランディングページ

テスト設定画面の［オーディエンスターゲティング］〔図表**48-1**〕

［ルールタイプを選択］画面〔図表**48-2**〕

ＵＴＭパラメータ設定画面〔図表**48-3**〕

A/Bテストに割り当てるトラフィックを一部に制限

トラフィックの割り当てとは、LPへのトラフィックのすべてをテストに割り当てるのではなく、一部に絞り込むための機能です。

初期設定では「100%」になっていますが、これを「10%」にすれば、LPへのトラフィックの10%だけがテストの対象になります。仮にテストで作成したパターンの成果がオリジナルよりも悪かったとしても、ビジネスへの影響はかなり抑えられるでしょう。

ただし、テスト対象のトラフィックの比率を低くすれば、そのぶんテスト期間は長くなります。あまりにも消極的な設定にならないように注意してください。（宝田）

（実施手順）

① テストの設定画面で、[設定] セクションにある [トラフィックの割り当て] の [100%] をクリックする。

② [トラフィックの割り当て] 画面のスライダーをドラッグし、パーセンテージを調整する〔図表**48-4**〕。

トラフィックの割り当て設定画面〔図表**48-4**〕

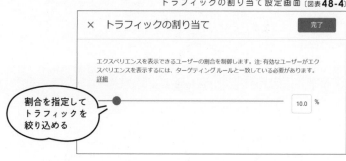

> A/Bテストの仮説 (パターン) が、必ずしもオリジナルの成果を上回るとは限りません。悪化した場合の影響を抑えるため、オプティマイズの機能を活用しましょう。 **まとめ**

49
成果を狙える
テストには「型」がある

LPの改善を常に繰り返すための9つの型

本書ではコピーライティングとバナーの章で「型」を提案してきましたが、LPの改善においても、それに類する定番のやり方があります。LP改善の9つの型として、A/Bテストの実施に役立ててください。

A/Bテストの「何から始めていいか分からない」を解決

　ここからは、いかにして意味のあるLPのA/Bテストを実施するかについて述べていきます。キャッチコピーおよびバナー構成と同様に、LP改善についても、筆者が過去に効果を実感した「型」を覚えてください。以下と次の図にまとめた9つがあります〔図表49-1〕。

- バナーとファーストビューの連携を高める
- ファーストビューを実証する
- 権威・実績を入れる
- 比較・併用を入れる
- 画像を差し替える
- 読まれている要素を上にする
- 購入ボタンの文言を変更する
- クチコミを入れる
- 今購入すべき理由を入れる

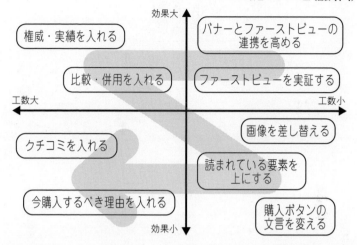

効果大

権威・実績を入れる

バナーとファーストビューの
連携を高める

比較・併用を入れる

ファーストビューを実証する

工数大 ← → 工数小

画像を差し替える

クチコミを入れる

読まれている要素を
上にする

今購入するべき理由を入れる

購入ボタンの
文言を変える

効果小

効果大・工数小から始め、テストをやめないことが大事

上記の図では、効果の大小と工数の大小で4象限に分け、9つの型を割り振っています。右上にある効果大・工数小が最も優先順位が高く、次いで左上または右下、左下という順序です。この順序に従って、以降の節で各型について解説します。

どの型もGoogleオプティマイズのテキスト変更、画像変更、HTML挿入の機能 (P.156) で実施可能ですが、いざ始めると、かなりの忍耐のいる作業になると思います。なぜなら、テストで作成したパターンがオリジナルの成果を上回るとは限らないからです。筆者の感覚でも、勝率は3割ほどでしょうか。

しかし、ひとたび勝ちパターンが見つかれば、CVRの底上げがずっと続きます。新しいテスト案がなくなってきたときにも、これらの型を参照し、ぜひテストを続けてください。(宝田)

> **まとめ**
>
> LPのテスト開始時の指針として、この9つの型を参考にしてください。継続は容易ではありませんが、成功すればビジネスの費用対効果が改善し、利益にも直結します。

4
ランディングページ

50

ファーストビューは
改善の第一歩

安心感を持たせつつ、新しい気付きを与える

LPに遷移したユーザーが必ず見る要素であるファーストビューは、LPの改善においても当然重要です。「バナーとファーストビューの連携を高める」ためのアイデアを出し、A/Bテストで成果を確かめてください。

バナーの訴求とあわせるだけでは不十分

LP改善の型のうち、最も優先順位が高いのが「バナーとファーストビュー（FV）の連携を高める」です。具体的には、以下の2つのポイントを確認してください。

- バナーで使われているキャッチコピーがFVにも入っているか
- 商品のいちばん強いベネフィットがFVに入っているか

まず1つ目のポイントですが、バナーのキャッチコピーがLPのファーストビューと乖離していた場合、ユーザーとしては「間違ったサイトに飛ばされたのではないか？」という不安が生まれ、離脱する原因となります。バナーのコピーをファーストビューにも入れることで、安心感を持って読んでもらえます。

しかし、それだけでは十分な改善とはいえません。筆者は以前、バナーとファーストビューの情報を同じにしただけのパターンをテストしたことがありますが、CVRの向上は見込めませんでした。おそらくその場合、ユーザーは「期待していた情報がない」と判断し、離

脱が増えるのではないかと考えています。

　そこで意味を持つのが2つ目のポイントです。バナーで使われているコピーがファーストビューに入っており、かつ商品のいちばん強いベネフィットを入れることで、大幅にCVRを改善できることが分かりました。次の図を見てください〔図表50-1〕。

　この事例では「糖質30%OFF」という訴求をバナーでしたあと、LPのファーストビューに「糖質30%OFFで、1食に必要な栄養素がすべてとれる。」というコピーを入れています。これにより、ユーザーに「糖質30%OFFのほかに栄養も摂れるんだ！」という新しい気付きを与えるとともに、商品のいちばん強いベネフィットを伝えることができます。

　何がいちばん強いベネフィットなのかを特定することは難しいですが、A/Bテストを重ねて検証していきましょう。（宝田）

バナーとファーストビューの連携 〔図表 50-1〕

バナーとファーストビューの
コピーをあわせつつ、新しい
気付きも与えている

> **まとめ**
> LPのファーストビューは、最も改善効果の高い要素です。
> バナーのコピーを踏まえて商品のベネフィットを伝えつつ、
> より新しい気付きを与える工夫をしましょう。

51
セカンドビューで
FVを実証せよ

ファーストビューの根拠を示して納得を生む

「実証」とは「事実を拠り所として証明すること」ですが、ファーストビューの次のコンテンツでは、FVで訴求したことの根拠を示し、ロジカルに証明することが有効です。具体的な事例も示しながら解説します。

「セカンドビュー」で商品のベネフィットを補強

　前節のLP改善を実施し、無事勝ちパターンを見つけることができたら、次に試してもらいたいのが「ファーストビュー (FV) を実証する」です。これはLP内でファーストビューの次に位置する構成要素である「セカンドビュー」を改善する型です。

　セカンドビューでは、ファーストビューで訴求した情報の根拠を示すことで、CVRの改善が狙えます。「ファーストビューの内容をより納得してもらうために必要なコンテンツは何か?」という視点で、セカンドビューの情報を選定することが重要です。

　そして、その選定においては、前節でも述べた商品のいちばん強いベネフィットに注目します。セカンドビューにはそれを補強する根拠を入れるのが有効で、例えばベネフィットを実現できる理由や、数字的な証明を含めるのが良いでしょう。

　前節で示した事例を続けると、ファーストビューの内容を読んだユーザーは「この商品ですべてとれる"1食に必要な栄養素"って、具体的には何?」と、次のコンテンツへの興味が高まっているはずで

す。そこで、セカンドビューでは商品に含まれる栄養素の一覧をグラフにして見せます〔図表51-1〕。このようにしてユーザーの興味に応えることで、ファースト＆セカンドビューを突破し、さらに次のコンテンツを見てもらえる期待が高まるはずです。

　ファーストビューからセカンドビューへの流れとしては、ほかにも以下のようなアイデアが考えられます。ファーストビューはLPの第一印象として視覚的に魅力を伝えることを重視し、セカンドビューはよりロジカルに商品の価値を伝えて納得してもらうことを重視する、という役割分担を意識してみてください。（宝田）

- 「業界最安値を実現！」　　→他社との料金比較表
- 「こんなに入って1,980円！」　→商品の一覧

LPのファーストビューとセカンドビュー〔図表51-1〕

ファーストビューで訴求した
内容の根拠をセカンドビュー
で示し、実証している

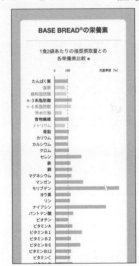

> **まとめ**
>
> LPのセカンドビューでは、ファーストビューの情報を踏まえて、商品の価値をよりロジカルに伝える工夫をしましょう。次のコンテンツへの誘導率が高まります。

52
権威・実績の
効果は想像以上

準備は大変だが、ありなしでCVRが2倍違うことも

> 著名人による推奨や「No.1」の訴求は、LPの構成要素
> 中でも効果が期待しやすいコンテンツです。実現する
> ための工数は大きいですが、期待以上の成果を得られ
> るケースが多いため、優先的に検討してください。

ユーザーの購入判断を早める効果がある

「著名人や専門家がおすすめしている」「書籍やTVで紹介された」「顧客満足度No.1」……。このような権威・実績を表現する情報は、多くの人が日常的に目にしていることでしょう〔図表**52-1**〕。LP改善の型としても優先度が高く、「それならば良い商品に違いない」と、ユーザーの購入判断を早める効果があります。

筆者も、自身が扱う商品でどれくらいの効果があるのかを確かめようと、権威・実績の要素がまだないLPに、その要素を追加したパターンを作成してA/Bテストを実施したことがあります。結果としては、権威・実績の要素があるほうが約2倍、CVRが高くなりました。これは筆者の想定以上の効果でした。

アンケートツールを利用した満足度調査もおすすめ

LPに権威・実績を入れることが重要だと分かっていても、そうした情報がないケースも多いでしょう。作りたくても作れなかったり、準備に時間がかかったりする場合もあり、難しいところです。

代表的な権威・実績の要素には、以下のようなものがあります。中でも、自社で取得しやすいのは「満足度90〜100%」です。Googleフォーム[※1]などのアンケートツールを使い、既存顧客に満足度調査を実施してみることをおすすめします。

　ただし、広告で利用する場合は各媒体での規定があるほか、優良誤認表示に該当しないよう注意が必要です。（宝田）

- 著名人・専門家の推奨
- 書籍・TVでの紹介
- 受賞歴
- 楽天○○カテゴリー No.1
- Amazon○○カテゴリー No.1
- 販売実績数 No.1
- 販売実績数○万個
- 利用者数 No.1
- 利用者数○万人
- 満足度 No.1 ／ 90〜100%

LPの権威・実績要素〔図表**52-1**〕

医学専門家も推薦

TAIZEN大学
医学部 准教授

打手 大全

TAIZEN病院で医師として勤務した後、TAIZEN会社を経て、TAIZEN大学で修士号と博士号を

LPに著名人・専門家による推奨などを入れられれば、CVR向上に大きく貢献する

まとめ

LPにおける権威・実績の要素は、思った以上にCVRアップに貢献します。情報の準備には時間がかかりますが、商品にあったさまざまな表現を検討してください。

4
ランディングページ

※1　Googleフォーム
フォームを自由に組み合わせてWebアンケートなどを作成できるツール。ビジネス用途でも無料で利用可能。

53

比較は鉄板、
ダメなら併用を提案

「商品がある生活」をユーザーに想像させる

自社商品と他の何かを比較するコンテンツも効果が分かりやすいといえますが、比較がしずらい、もしくは比較しても勝てないケースもあります。その場合は他の何かとの併用をLPで提案するのも有効です。

他の何かとの比較は誰もが無意識に行っている

商品の購入を検討するとき、多くの人が他の何かと比較します。その対象は類似した他社商品であるとは限らず、すでに持っている過去の自社商品であったり、まったく異なるジャンルの商品、有形ではなく無形のサービスであったりすることもあるでしょう。

LP改善の型「比較・併用を入れる」では、単に比較表を掲載することよりも、「ユーザーが頭の中で行うであろう比較作業を、あらかじめLPで可視化しておく」ことを重視してください。よって、比較する対象はユーザーが知らないものではなく、ユーザーがすでに使っている何かから選ぶことをおすすめします。

そうすることで、ユーザーは「今使っているものよりも良さそうだ」と、商品を自分のライフスタイルに取り入れるイメージが湧きます。その結果、商品の購入から「今後はこの商品に切り替えようかな」というリプレイスも狙えるでしょう。

比較する項目としては、「料金」「成分・機能」「実績」「満足度」がポピュラーです。自社商品が勝てる項目を探してみてください。

比較できない、比較しても勝てないなら併用を提案

　比較で難しいのは、そもそも比較しづらい場合や、比較しても勝てない場合があることです。そうした場合は、自社商品と他の何かを併用する提案をすることでも、CVRの改善が見込めます。

　例えば、BASE BREADでは下図のようにプロテイン（プロテインパウダー）との併用を提案するコンテンツを入れたことで、CVRが約1.5倍になったことがあります〔図表53-1〕。あえてプロテインとの比較ではなく併用を提案したことで、筋トレやスポーツを習慣にしている人々に受け入れてもらえたのだと考えています。

　このように、比較・併用を入れるにあたっては、ユーザーが自分のライフスタイルに取り入れるイメージを湧かせられるかが重要です。必ずしも、自社商品が他の何かに勝っていなくても良い、ということを覚えておいてください。（宝田）

LPの比較・併用要素〔図表**53-1**〕

ユーザーにとって身近な他の商品との併用を提案し、利用イメージを湧かせている

> **まとめ**
> 比較して勝てる商品が見つからなくても、併用してもらうという手があります。ユーザーの生活に溶け込む提案になっているかを念頭に置き、提案してみましょう。

54

FV画像を選ぶ基準は
バナーとの親和性

良い画像は断定できないため、テストをし続ける

「画像を差し替える」というLP改善は、素材の準備さえ
クリアできれば、A/Bテストによって簡単に効果を検
証できます。どのような画像に差し替えるかは、バナー
との相性を基準に選ぶとうまくいきます。

バナーが機能なら機能、体験なら体験とイメージを揃える

LPのファーストビュー（FV）におけるキャッチコピーが重要なのは
もちろんですが、実際にファーストビューの大部分を占めるのは写
真・画像です。それゆえに「画像を差し替える」がLP改善の型として
挙がるわけですが、なかなか一筋縄ではいきません。

LPのファーストビューにある画像を差し替えればCVRは変化しま
すが、下がる場合もあります。差し替えることは改善に有効ですが、
「どの画像であれば良い」と断定することができないため、さまざま
なものを試してみるしかないでしょう。

1つの指針としては、LPに遷移するきっかけとなったバナーとの親
和性を意識することが挙げられます。BASE BREADの事例では、バ
ナーのキャッチコピーが機能性重視の訴求である場合、LPはシンプ
ルで、その機能性の実証につながる画像の効果が良い傾向がありま
した。一方、バナーのコピーが体験を押し出したものであれば、LP
は朝食のワンシーンなど、ライフスタイルを想像させる商品写真の
ほうが効果が良い傾向があります〔図表**54-1**〕。

スマートフォンでの撮影時には画角に注意

　ファーストビュー画像のA/Bテストを実施する際には、以下のような写真・画像素材を用意して臨むといいでしょう。

- ターゲットユーザーにいいねや共感をもらえそうな素材
- キャッチコピーとの関連性がある素材

　LPの写真は、バナーよりも高解像度なものが求められます。カメラマンが撮影した写真やストックフォトの素材であれば問題ないと思いますが、自分で撮影する場合は注意してください。PCでの表示を想定すると、横3,000ピクセル以上あることが目安です。

　また、写真の撮影時には画角も意識してください。のちのち写真をトリミングしたり、上に文字を載せたりすることを想定すると、そのスペースを確保するため、できるだけ引きで撮影しておくことをおすすめします。(宝田)

バナーとファーストビュー画像 〔図表 **54-1**〕

「食事改善」のコピーとあう
健康的な写真でバナーとFV
の印象を揃えている

まとめ

> 初対面（バナー）の印象と2回目に会ったとき（LP）の印象が違っていると、不信感を抱きませんか？ LPも同じです。バナーとの親和性を意識して画像を選びましょう。

55

LPの読了率は
構成要素の順序で変わる

ヒートマップを活用して読まれている要素を上へ

LPは縦に長いページとなることが多いため、「どのコンテンツをどういう順序で見せるか？」が重要です。特に読まれている要素がないかをヒートマップで探し、オプティマイズで入れ替えてみましょう。

LPの読了率が下がるとCVRも下がる

LPにおけるコンテンツの順序は、私たちが思っている以上に重要です。最初に価格を提示したほうがいいのか？ 課題を先に投げかけたほうがいいのか？ 商品の特徴だけでなく、LPのターゲットが潜在層か、顕在層かによっても最適解が変わってきます。

LPをしっかりと読んでもらえない、つまり読了率が下がる原因の1つに、ユーザーにとって興味のないコンテンツがページ上部に配置されていることがあります。LPの読了率が下がるとCVRも低下します。よって、読了率は高く保つべきで、そのためにはユーザーが求めているコンテンツを上部に配置する必要があります。

この「読まれている要素を上にする」というLP改善を実施するには、ヒートマップが役立ちます。ヒートマップについては以降の節でも触れますが (P.196)、もし熟読されているコンテンツがページ下部にあれば、LPの上部に移動しましょう。逆に、読み飛ばされているコンテンツがあれば、ページ下部に下げたパターンでA/Bテストをして検証します。

料金比較表は業種を問わず読まれやすい

筆者の経験上、ヒートマップが熟読を示しやすいLPの要素には、以下の3つがあります。

・料金表／料金比較表

・お客さまの声

・よくある質問

特に料金比較表は、業種を問わず読まれていることが多い要素です。料金のことなので、ページ上部にしすぎるのも流れが悪くなりますが、料金比較表を下部にしすぎて、LP訪問者の10人に1人しか到達していないということであれば、機会損失になっていると想像できます。LP全体のバランスを見ながらテストを進め、コンテンツの配置を決めていきましょう。（宝田）

期待したコンテンツがある
LPなら、次へ次へと
読みたくなるよね！

4

ランディングページ

まとめ

LP内のコンテンツの順序について、いきなり最適解を見つけることは難しいでしょう。ヒートマップをヒントにして、順序を入れ替えたテストで検証してください。

56
購入ボタンの文言で簡便性を伝えよ

「ご購入はこちら」から「30秒で購入」にして改善

> 購入ボタンの文言を変えるだけでも、LPのCVRはアップします。そして、どのように変えると成果が出やすいのかは、購入の簡便性にヒントがあります。自社でアピールできるものはないか、探してみてください。

発送までの日数や継続義務がないことを伝えるのも有効

LPには必ず、コンバージョンに直結する購入ボタンがあります。この購入ボタンの文言は、通常であれば「ご購入はこちら」などになりますが、その常識を疑ってみるのが、LP改善の型の1つである「購入ボタンの文言を変更する」です。

筆者の経験では「ご購入はこちら」から「【Amazon Pay対応】30秒で購入」に変更したことで、CVRが改善した事例があります〔図表56-1〕。このように秒数を示してクイックに購入できることを伝えるほか、以下のような表現・文言で効果が期待できるでしょう。

- 秒数を伝える　　　　　　　　　　「30秒で購入」
- ステップの数を伝える　　　　　　「たったの3ステップ」
- 発送までの日数を伝える　　　　　「即日発送」
- 継続義務がないことを伝える　　　「定期縛りなし」
- セールスがないことを伝える　　　「営業なし」
- お得であることを伝える　　　　　「このサイトがいちばんお得」

固定とフローティングではCVRに大差なし

　LPの購入ボタンというと、画面をスクロールしても追従してくるフローティング型のボタンを見たことはありませんか？　よく目に付き、いつでも押せるメリットがある反面、ユーザーの立場で使っていると邪魔だなと感じることもあります。

　筆者が実施したテストにおいては、ページ内に固定した購入ボタンと、フローティング型の購入ボタンで、CVRに大差はありませんでした。よかれと思って設置したフローティングボタンが、実際には意味をなしていないこともあるので、みなさんのLPでも採用している場合は、一度テストをしてみることをおすすめします。（宝田）

LPの購入ボタン〔図表 **56-1**〕

クイックに購入できることをボタンの文言で伝えることでもCVRが改善する

> **まとめ**
> 購入ボタンの文言といえばこれ、と思考停止してはいけません。購入までの秒数やステップ数など、打ち出せる簡便性を盛り込んでCVRの変化を見てみましょう。

57

クチコミには
表情や写真をプラス

第三者を想像させることでさらに効果がアップする

> 「お客さまの声」などはLPの定番コンテンツですが、ただ入れればOKなわけではありません。テキストベースのままにしている場合は、イラストや写真を入れたパターンをテストしてみることをおすすめします。

テキストベースのコメントだけでは不十分

LP改善の型「クチコミを入れる」は、誰しも共感するところだと思います。商品を売りたい人は、基本的に商品の良いところしか言いません。しかし、第三者の意見はそうではないため、より参考になると感じる人が多いでしょう。

しかし、ただクチコミを入れれば良い、というわけではないようです。筆者は当初、Amazonや楽天のような星印での評価と、テキストベースのコメントをクチコミの要素として入れていましたが、イラスト付きのコメントに変えてテストをしてみたところ、CVRがアップする結果となりました〔図表**57-1**〕。

Amazon・楽天風も決して悪くはないのですが、文字の多さが気になり、読み飛ばしてしまう人が相当数いる可能性があります。イラスト付きのほうが、商品を使っている第三者の表情を想像できるため、自分と似たユーザーの声を見つけた感覚があるのではないでしょうか。また、イラストがアイキャッチとなって興味を引き、読了率を上げている効果もあると考えられます。

Instagramの投稿をそのままクチコミの要素に

　クチコミをひと工夫するアイデアとしては、ほかにも写真を入れる方法があります。お客さまが実際に商品を使っている様子を写真に撮ってもらい、それをコメントとともにLPに掲載します。

　お客さまから写真を集めるには時間がかかりますが、それを解決する手段として、Instagramを有効活用しましょう。Instagram上で商品のユーザーを見つけ、許諾を得たうえで、LPに投稿をそのまま掲載するのです。

　Instagramの投稿をクチコミとして入れたLPで、筆者がヒートマップを見てみたところ、投稿内の［もっと見る］ボタンが多くクリックされていることが分かりました。やはり、実際に商品を使っている第三者の声、特に写真は、購入前のユーザーから非常に求められているコンテンツであることは間違いありません。（宝田）

イラスト付きのクチコミ〔図表**57-1**〕

テキストベースでも悪くはないが、イラストや写真を加えたパターンもテストしたい

> **まとめ**
> クチコミは集めること自体が大変ですが、LPに入れただけでは満足しないでください。テキストだけでなく、イラストや写真を加える点に改善の余地があります。

58

今買わなければ
いけない理由を作れ

LPを閉じられたらチャンスはほぼ消えてしまう

LPを読了したにもかかわらず、商品を購入せずに離脱
されてしまう機会は防ぎたいものです。クロージングと
なる要素では、ユーザーに「今がチャンスだ」と感じて
もらう情報を置き、購入を後押ししましょう。

当たり前のことでもユーザーにとっては希少性となる

商品の価値を知り、著名人の推薦に驚き、商品のある生活を想像
し、クチコミに納得したとすれば、もはや買わない理由はないはず
です。しかし、それでも「今は買わないで明日まで考えてみよう」
と、購入を先延ばしにされることがあります。

そして、ネット広告の場合、一度LPを閉じられてしまうと、再度
アクセスされる可能性がかなり低いという特徴があります。LPを
ブックマークする人は少ないですし、同じバナーを見つけて再度ク
リックする望みも薄いからです。LP改善の型の最後「今購入すべき
理由を入れる」は、ネット広告だからこそ重要ともいえます。

もちろん、LPを見て離脱してしまったユーザーにアプローチする
方法はほかにもありますが、その場で購入してもらうに越したこと
はありません。「今買わなければいけない」と思ってもらうには、次
に挙げる理由を盛り込めないか、検討してみてください。筆者が実
際に「在庫限り」の訴求をクロージングの要素に加えたときは、CVR
が15%アップする効果がありました。

ポイントは、私たちからすれば当たり前のことでも、ユーザーにとっては知らなかった希少性であり、それが今買う理由になるということです。商品に当てはまる希少性を探し、LPのクロージング要素として導入してみてください。(宝田)

- 在庫限定　　　　　「在庫に限りがございます」
- 販売数量限定　　　「100個限定の商品です」
- 期間限定　　　　　「3月末までの限定です」
- 人数限定　　　　　「先着30人限定で締め切ります」
- 1人あたり限定　　 「おひとり様1回限りです」
- 条件限定　　　　　「初めての方限定で販売しております」

LPに来てくれたチャンスを生かすために、行動してもらうきっかけを用意しておこう!

まとめ

ネット広告のバナーやLPを自然に再発見・再訪問する可能性は低いといえます。このチャンスをユーザーにも感じてもらえるよう、商品の希少性を打ち出しましょう。

59

ECサイトのトップを
遷移先にするのは悪手

多すぎる情報量と回遊性が離脱率を悪化させる

多商品を扱うECサイトでは、商品ごとにLPを用意するのが難しくなりますが、トップページをバナーの遷移先にするのはNGです。Googleオプティマイズも活用し、商品詳細ページをLPとして育てましょう。

商品詳細ページをLPにしてA/Bテストを実施

ECビジネスを手がけている企業の中には、自社が開発した数点の商品をサイト内で販売する企業だけでなく、仕入れ商品を数多くのラインナップで販売する総合ECサイトを展開している企業もあります。そのような企業では、商品1点1点、あるいは商品カテゴリーごとにLPを作ろうとすると、膨大なリソースが必要になるという苦労があるはずです。

しかし、だからといって、ネット広告からの誘導先をECサイトのトップページにするのはおすすめしません。理由は、離脱するユーザーが多くなるからです。

サイト名などのブランドワードで出稿している検索広告の遷移先であれば、トップページでも問題はありません。しかし、ディスプレイ広告の遷移先は、バナーで訴求している内容に応じて、より情報を絞る必要があります。ECサイトのトップページは一般に情報量が多く、回遊率が高いページになっているため、ディスプレイ広告からの流入は、離脱率を悪化させる結果になりがちです。

多商品を扱うECサイトで個別のLPを作る余裕がない場合は、売りたい商品の既存の個別ページ（商品詳細ページ）を、LPの代わりとして運用することをおすすめします。そして、Googleオプティマイズを導入し、A/Bテストのパターンを作成するときに、LP改善の型に基づいた情報を追加していくのです〔図表59-1〕。

この方法であれば、Webデザイナーやエンジニアに依頼することなく、広告運用者だけでも商品のLPが完成します。商品詳細ページを改善し、売れるLPに育てていきましょう。（宝田）

商品詳細ページをLPに〔図表**59-1**〕

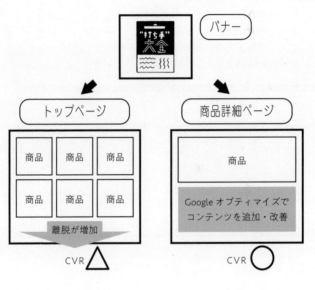

4

ランディングページ

> **まとめ**
> LPの内容はバナーの訴求にあわせて絞るべきで、ECサイトのトップページは情報量が多すぎます。商品詳細ページをLPに転用し、リソース不足を乗り切ってください。

60
FVの購入ボタンは一長一短

高額商品ではLPをしっかり読ませるほうが大事

LPのファーストビューに購入ボタンを配置している事例を見かけますが、効果的であるとは一概にはいえません。購入判断に時間がかかるのが自然な商品では、まずLPをしっかり読んでもらうことを重視すべきです。

安価な商品やリピーター向けには有効だが……

　ファーストビュー（FV）に、購入ボタンが目立つように配置されているLPを見たことがある人は多いと思います。従来、こうしたLPは効果が高く、LP作成時の通例とされてきました。

　実際、単価が安い商品の場合や、リピーターが多くアクセスするLPの場合は、ページにアクセスした時点で購入の意思決定をしていることが多く、ファーストビューの購入ボタンからのCVRが高くなる傾向があります。

　しかし、ファーストビューの購入ボタンは長所ばかりではない、ということは覚えておくべきです。特に、数万円以上する単価が高い商品の場合や、まだあまり知られていない新商品の場合は、LPに遷移した時点で購入の意思決定ができていない、あるいは十分な商品理解ができていないユーザーが大半を占めます。

　そのため、購入ボタンを目立たせるよりも、LPの内容をしっかり読んでもらうための工夫のほうが重要です。むしろ、ファーストビューには購入ボタンを置くべきではないといえます。

ボタン有無のA/BテストでCVRが約2倍に

　筆者が知る事例を紹介しましょう。単価が3万円以上の商品を扱うA社では、LPのファーストビューに配置した購入ボタンのクリック数は多いものの、購入フォームでの離脱率が高いという課題を持っていました。

　そこで「ファーストビューの購入ボタンをなくし、LPのスクロール率を上げることで、CVRが向上するのではないか?」という仮説を立て、以下のようなA/Bテストを実施しました。

- オリジナル:　FVにボタンあり。次のコンテンツは見えない
- パターン:　　FVにボタンなし。次のコンテンツが少し見える

　その結果が下表です〔図表**60-1**〕。CVRが約2倍と大きく差が開いたため、10日間でテストを終了したのですが、コンバージョンが10日間で11件増えたということは、今まで1カ月に30件以上、売上額にして約100万円を逃していた可能性があることになります。

　また、滞在時間が1分以上の割合が10%以上増えており、ファーストビューにボタンがないほうが、スクロールして内容を読む人が増えていると想像できます。LPをしっかり読み、商品への理解を高めたうえで購入ボタンを押してもらうことでCVRが上がるという、狙い通りの結果になったといえるでしょう。（辻井）

FVのボタン有無のテスト結果〔図表**60-1**〕

A/Bテスト	CV数	CVR	滞在時間		
			10秒未満	10～59秒	1分以上
オリジナル	14	0.16%	37%	36%	27%
パターン	25	0.29%	25%	37%	38%

まとめ

他の高額商品にも100%当てはまるとはいえませんが、ここで紹介したテストには大きな意味があります。FVのボタンに疑問を感じているなら試してみてください。

61

安価にすればCVRが上がるとは限らない

商品価格のテストは結果のインパクトが大きい

> 商品の価格を変えたA/Bテストも有効です。ここで興味深いのは、安価にすればコンバージョンが増えるとは限らないことです。ある程度は高い価格であるほうが、ユーザーのニーズに合致することもあります。

価格を上げたのにCVRが改善するケースもある

　LPのキャッチコピーやビジュアルのテストよりも、CVRに直結する非常に重要な要素が価格です。実店舗では容易に実施できませんが、Webであれば、商品価格のA/Bテストも可能です。

　このとき、価格を下げればCVRが確実に上がると考えるのは早計です。価格を上げたにもかかわらず、CVRが改善するケースもあります。例えば、1枚100円のクッキーを15枚セット1,500円で販売しているとして、商品価格のテストの方向性としては、次に挙げる2つが考えられるでしょう。

① 商品単価そのものを変える

　オリジナルに対するパターンとして、1枚120円（15枚セット1,800円）や1枚80円（15枚セット1,200円）をテストする方法です。売上・認知が拡大したあとだとユーザーの不信感につながる可能性があるため、なるべく初期の段階でテストしましょう。

② 商品単価は変えず、内容量を増減

1枚100円のまま、15枚セット1,500円と30枚セット
3,000円をテストする方法です。①よりも気軽にテストで
きます。

このうち、②の方向性で筆者が実施したテストを紹介します。オ
リジナルとパターンの概要と結果は以下の通りです〔図表**61-1**〕。

- **オリジナル：** 15枚セット1,480円（単価98.6円）
- **パターン：** 30枚セット2,960円（単価98.6円）

このテストは当初「30枚セット2,960円にすることでCVRは下が
るだろうが、売上額は最大化できるのでは？」という仮説の検証が目
的でした。しかし、結果はCVR自体も改善し、売上額は約1.9倍にま
で伸びました。

要因としては、クッキーという商品の特性上、プレゼントや手土
産として購入する場合、3,000円程度の商品を選びたいと考える
ユーザーがいる、などが思い浮かびます。価格のテストはインパク
トが大きい結果と、意外な気付きにつながる可能性を秘めているの
で、ぜひ一度はチャレンジしてみてください。（辻井）

商品価格のテスト結果〔図表**61-1**〕

A/Bテスト	セッション数	売上額	CV数	CVR
オリジナル	598	¥41,440	20	3.34%
パターン	548	¥76,812	28	5.11%

> **まとめ**
> 広告代理店で運用している人には実施が難しいかもしれま
> せんが、広告配信の結果にも大きく影響するので、クライ
> アントに提案してみることをおすすめします。

62

「有意差が出るまで待つ」は間違い

LPのテストでは回数を増やすことのほうが重要

> 広告運用者が行うLPのA/Bテストでは、統計学的な確からしさはほどほどにして、仮説立案と実装のサイクルを早く回すことを意識すべきです。そのほうが最終的に高い成果を得ることにつながるはずです。

統計学的な正確さにこだわる必要はない

統計学においては、試験 (テスト) の結果を表現する際に「有意差」という言葉がよく使われます。有意差とは確率的に偶然とはいえない「意味のある差」のことを指しますが、LPのA/Bテストの場合、こだわりすぎないほうが良いと考えます。

有意差が出るまでテスト期間を延長するよりも、別のテストを実施して回数を増やすほうが、成功につながる可能性は高いです。統計学的な正確さを求めるあまり、テストがいつまでも終わらない、回数が増えないのでは本末転倒です。

Googleオプティマイズなどを使ったLPのテストは、「いかに最良の構成要素や訴求、デザインを見つけ、CVRを上げるか?」という点に目的があります。少しでもCVR向上に良さそうな手がかりが見つかったら、正確さの検証よりも実装というアクションを優先し、それを繰り返すことが結果につながるサイクルです。

オプティマイズの［最適である確率］に注目

　とはいえ、「どのような結果が出たら実装に移るべきか？」という目安は必要だと思います。Googleオプティマイズでは、テストを開始してしばらくすると、以下の画面のように結果が表示されます。この画面内にある［最適である確率］という指標に注目してください〔図表62-1〕。

　［最適である確率］は公式ヘルプ[※1]によると「どのパターンのパフォーマンスが総合的に最も高くなるか」を示しており、筆者の経験では、この指標が80％を超えたところでそのパターンを勝者と認め、実装を進めるのが良いと考えています。これを1つの基準として、テストの回数を増やしていきましょう。（宝田）

Googleオプティマイズのテスト結果 〔図表**62-1**〕

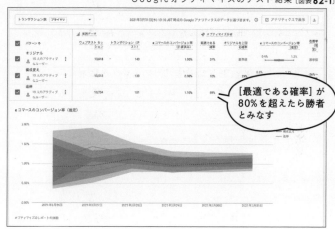

［**最適である確率**］が80％を超えたら**勝者**とみなす

4 ランディングページ

> **まとめ**
> Googleオプティマイズの結果に表示される最重要指標が［最適である確率］です。これを参考に、テストをクイックに回していくことが成功への近道です。

※1　Optimizeヘルプ・テストの結果
本書執筆時点では、ヘルプ内での記載は「最善である確率」となっている。
https://support.google.com/optimize/answer/7405044?hl=ja

63

オプティマイズでは
CSSも編集できる

コードが分かればデザインのテストも実施可能

> A/Bテストツールは、純粋にデザインの良し悪しを検
> 証するためにも利用できます。例えば、サイトの本番
> 環境では定義されていないCSSのスタイルを、テスト
> のパターンに限って適用することも可能です。

キャッチコピーや画像の差し替え以外の変更にも対応

　Googleオプティマイズについて広告運用者の目線で解説してきま
したが、HTMLやCSS、JavaScriptのソースコードを読み書きできる
人なら、LPのデザイン面のテストに活用することもできます。

　以下はCSSのlinear-gradient()関数を使い、テキスト下部にマー
カーを引く例です。Webデザイナーの協力を得られる場合は、デザ
インのテストも試してみるといいでしょう。(宝田)

(実 施 手 順)

① パターンの編集画面を表示しておき、画面右上にある [< >] →
　 [CSS] の順にクリックする〔図表63-1〕。

② CSSのソースコードを入力する〔図表63-2〕。

③ CSSを適用したいHTMLの要素を選択し、[要素を編集] → [HTML
　 を編集] をクリックする。

④ HTMLのソースコードを編集し、CSSを適用する。

⑤ HTMLの要素にCSSが適用される〔図表63-3〕。

パターンの編集画面〔図表63-1〕

[< >] からCSSの
編集画面に入る

CSSとHTMLの編集画面〔図表63-2〕

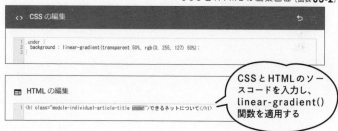

CSSとHTMLのソー
スコードを入力し、
linear-gradient()
関数を適用する

CSSの適用後〔図表63-3〕

テキスト下部に
マーカーが引かれた

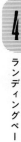

まとめ
LPのデザインは、少しの変更でもテスト結果が大きく変わ
ることがあります。変更箇所を絞ったうえで、簡単にでき
るテストから始めることをおすすめします。

64

ヒートマップを活用した LPの健康診断

適正な状態をクイックに見極める３つの方法

A/Bテストと並んで、LPの改善のためによく使われる
ツール・手法にヒートマップがあります。ここではヒー
トマップ導入時のコスト感や代表的なツールと、最初
に見ておきたいポイントを紹介します。

ヒートマップの導入は月額２～３万円の費用を見込む

ヒートマップとは、Webサイト上のユーザーの行動を可視化でき
るツールや、それを活用した分析手法のことです。画面遷移がない１
枚のLPの分析に適しており、LPの改善をさらに効率的に進めたい段
階を迎えたならば、導入の検討をおすすめします。

ヒートマップには無料のツールもありますが、機能やPV数の制限
でうまく活用できないことが多いため、最低でも月額２～３万円の
利用料をコストとして見込んでください。ツール選定のポイントは、
コンバージョン (CV) したユーザーのセグメント機能の有無です。

筆者が利用経験のあるヒートマップツールでは、「Ptengine」〈※1〉と
「User Insight」〈※2〉がCVユーザーのセグメント機能を備えており、お
すすめできます。「SiTest」〈※3〉や「Mouseflow」〈※4〉も同等の機能を備
えているようです。

ヒートマップは仮説を持ちながら分析しないとアクションにつな
がりませんが、まずは自社のLPが良いのか悪いのか、健康状態を知
りたい人は多いはずです。簡単に診断する３つの方法を紹介します。

※1 Ptengine
https://www.ptengine.jp/

※2 User Insight
https://ui.userlocal.jp/

※3 SiTest
https://sitest.jp/

- ファーストビュー通過率

- LP全体の色むら

- CTAボタンの到達率とクリック率

「ファーストビュー通過率」は80～90%が目標

　LPの健康診断をする1つ目の方法は、「ファーストビュー通過率」の測定です。LPの離脱率に影響するコンテンツはさまざまですが、最も重要なのは、やはりファーストビューです。

　ヒートマップツールを導入してLPのスクロール到達率を表示すると、以下のような画面になります〔図表64-1〕。ファーストビューの部分は必ず「100%」となっており、その直下の要素の到達率が、ファーストビュー通過率を表しています。

LPのスクロール到達率〔図表**64-1**〕

100%

90%

82%

ファーストビュー直下の
要素に対する到達率が
FV通過率を表している

4

ランディングページ

※4　Mouseflow
https://mouseflow-jp.com/

筆者の経験上、ファーストビュー通過率の適正値の目安は下表のようになります〔図表64-2〕。あくまで目安にはなりますが、リスティング広告であれば80〜90%を目指すべきです。この適正値は広告の種類やターゲティング方法によって異なり、下表の目安を下回っているようであれば健康状態が悪いと判断できます。

　そして、今後に改善していくという観点では、健康診断後からの変化、つまり「どれだけ上げられたか？」を見ていくことが重要になります。これまでに解説したLP改善の型などを実施したうえで、変化を観察してください。

ファーストビュー通過率の適正値〔図表**64-2**〕

広告の種類・ターゲティング方法	FV通過率
リスティング広告	80〜90%
リターゲティング広告	60〜80%
デモグラフィックターゲティング	30〜50%
ノンターゲティング	20〜30%

「LP全体の色むら」はないほうが望ましい

　2つ目の「LP全体の色むら」は、ヒートマップの熟読エリア分析を用いて、LP全体をチェックする方法です。基本的な見方として、赤で表示されているのは熟読されているエリア、黄から緑、青となるに従って読み飛ばされているエリアと解釈できます。

　この方法のポイントは、どの要素が赤いか青いかに注目するのではなく、全体の色むらを見ることにあります。意外と知られていませんが、LPは色むらがないほうがCVRが高い傾向にあります。なぜなら、色むらがあり、緑や青の箇所が多いということは「読み飛ばされながら閲覧されている」という意味になるからです。これは言い換えると「ユーザーが求めている情報を、求めている順序で見せることができていない」ということになります。

　また、多くの場合、熟読されていない要素の付近では離脱が多く、ボトルネックになっているので改善が必要です。コンテンツの配置や内容を変更することで、色むらがない状態を目指しましょう。

「CTAボタンの到達率とクリック率」は計算で求める

3つ目の「CTAボタンの到達率とクリック率」とは、購入ボタンなどのCTA[※5]へのスクロール到達率から、そのボタンまで到達したユーザーに限定したクリック率を求めてチェックする方法です。ある期間において、LPに3,000ユーザーの訪問があったとして、下図を例に考えてみましょう[図表64-3]。

CTAボタンへのスクロール到達率は70%なので、到達者数は2,100人と計算できます。一方、CTAボタンのクリック数は63回です。つまり、CTAボタンまで到達したユーザーに限定したクリック率は、63÷2,100＝3%ということになります。

同じく目安ではありますが、このクリック率は5〜15%を目指しましょう。仮に1,000人がCTAボタンに到達しているのであれば、50〜150クリックが目標値になります。この範囲を下回っているのであれば、CTAボタンを提示する位置が、ユーザーがアクションを起こしたいタイミングとあっていないということです。(辻井)

CTAボタンの到達率と、ボタンのクリック数 [図表64-3]

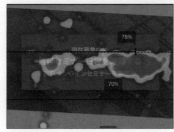

CTAボタンの到達率は「70%」、ボタンのクリック数は「63」と計測されている

4

ランディングページ

> **まとめ**
>
> 運用成績の良いLPは、いずれの診断方法でも良好な結果になると思います。目安の適正値をクリアできたら、それをいかに上回るかという視点で改善していきましょう。

※5　CTA
「Call To Action」の略で、直訳すると「行動喚起」。コンバージョンに向けた行動を喚起させるための文字や画像を指し、端的にはLP内の購入ボタンなどが該当する。

65

ヒートマップは
テスト案の宝庫

CVユーザーの行動から要改善点をあぶり出す

> 本章で見てきたLP改善の型をすべて実施し、ヒート
> マップも導入してさらなる改善を目指すうえでは、より
> 深い仮説が求められます。その仮説を発見し、A/Bテ
> ストのアイデアとする考え方を見ていきます。

3つの方法でヒートマップを詳しく分析

　前節で述べたヒートマップによるLPの健康診断から一歩踏み込ん
で、ヒートマップを活用した詳しい分析方法について解説します。
今回も方法を3つに分け、以下の順で見ていきます。

- 熟読エリア分析
- クリックエリア分析
- スクロールのボトルネック分析

　これらの分析方法を用いることで、複数の観点からLPを捉えるこ
とができ、要改善点や「こうすれば成果が伸びるのでは？」といった
仮説の発見につながります。つまり、A/Bテストの案やアイデアの
幅が広がるということです。短期間でLPの改善が必要なケースだけ
でなく、中長期的な改善においても役立つはずです。

　なお、分析にあたっては、LPの構成がどのようになっているかを
今一度振り返り、各要素の役割を整理しておいてください。

「熟読エリア分析」はポジティブ／ネガティブの両面を見る

1つ目の「熟読エリア分析」では、前節でも述べたヒートマップの機能を用いて、赤＝熟読されているエリアと、青＝読み飛ばされているエリアについて、原因を読み解いていきます。

このとき、「赤いエリアは熟読されているから問題なく、青いエリアだけ改善すれば良い」とはならないので注意してください。それぞれのエリアには、下表にまとめたようにポジティブな面とネガティブな面が表裏一体となって存在しています〔図表65-1〕。

例えば、赤いエリアはポジティブに解釈すれば「ユーザーの課題に直結しており、重要な情報として認識されている」となりますが、逆に「文章がやたらと長く、単に読むのに時間がかかっている」とネガティブな見方もできます。両面から原因を探り、改善のための仮説を考えてみましょう。

熟読エリア分析でのポジティブ／ネガティブ面 〔図表**65-1**〕

熟読の度合い	ポジティブな面	ネガティブな面
赤いエリア	・ユーザー課題に直結 ・検討材料として有用 ・文字の大きさや強弱がはっきりして読みやすい ユーザーが検討するうえで、重要な情報となっている可能性が高いと判断できる。	・文字が小さい ・文章が長すぎる ・情報量が多く、読みづらい 視認性の低さ、情報量の偏りによってユーザーが滞留しており、CTAに至る前に集中力が切れる可能性がある。文字の大きさや強弱、文脈の改善が必要。
青いエリア	・情報はあるが、スペースに対して文章が極端に短い ・特に意味のない画像（写真やイラスト）がある 不要なスペースや、購入判断に影響しない画像は最小限にする。	・ユーザーの興味が薄い ・物理的に読みづらい 不要な内容とは限らないので、読みづらさや文脈などを全体のバランスを考慮して整える。

「クリックエリア分析」は内容とユーザビリティに注目

2つ目の「クリックエリア分析」では、ユーザーがLP内でクリックした箇所を表示する機能を活用します。見所は2つあります。

1つはコンテンツの内容です。クリックが発生しているのはユーザーにとって需要がある証拠なので、その箇所には「もっと知りたい」といったユーザーの声が詰まっています。その需要に応えられているかを確認し、内容を追加することも検討しましょう。

4

ランディングページ

もう1つはユーザビリティです。ユーザーが適切にリンクやボタンを認識し、クリックしているかどうかを見極めてください。例えば、購入ボタンを適切に認識してクリックしているかを検証し、必要であればその配置を変えることで、CVRの向上につなげることができます。ユーザーが行いたい行動を簡単な操作で実行できるような、見やすいインターフェースを目指すようにしましょう。

「スクロール率のボトルネック」で阻害要因を発見

　3つ目の「スクロールのボトルネック分析」では、ヒートマップのスクロール到達率をチェックします。LP全体を眺めて、到達率が急に下がっているボトルネックがないかを探してみましょう。

　ボトルネックとなる要素があれば、ユーザー行動を阻害する原因になっている可能性があります。そのようなコンテンツの有無を見極め、コンテンツの改善や入れ替えを検討します。

CVユーザーに絞った熟読エリア分析が最も重要

　3つの分析方法を紹介しましたが、ここで最も重要なことを述べます。それは、ヒートマップが備えるコンバージョン (CV) ユーザーのセグメント機能を使わず、全ユーザーのセグメントで分析してしまうと、判断を誤る可能性が高いということです。

　例えば、熟読エリア分析において「ここは重要なコンテンツだから上部に移動しよう」という判断をした場合を思い浮かべてください。LPのCVRが3%だとして、全ユーザーのセグメントで分析した結果に基づいた判断が、果たして正しいといえるでしょうか？

　この場合、全ユーザーのセグメントは97%の非CVユーザーのセグメントにほぼ等しく、「非CVユーザーが熟読しているコンテンツを上部に移動しよう」という判断をしていることになってしまいます。前節でCVユーザーのセグメント機能を備えたヒートマップツールを推奨していたのはそのためです。

　熟読エリア分析は、CVユーザーのみのセグメントで行うことを念頭に置いてください。そのうえで熟読されているエリアに対し、上

部に移動する、より分かりやすく記載する、より内容を濃くするなどの施策を検討し、テストしてみることをおすすめします。

なお、クリックエリア分析、スクロールのボトルネック分析も同様ですが、熟読エリア分析に比べると重要度は低くなります。

A/Bテスト実施中のヒートマップ分析は避ける

ヒートマップでの分析は、ツールの管理画面上で本番環境にあるLPを読み込み、熟読エリアなどを表示することで行います。このとき、GoogleオプティマイズでA/Bテストを実行中だと、オリジナルとパターンが混ざってしまう現象が発生します。

そのため、LP改善の流れとしては、以下のようなステップを繰り返すようにしてください。

①Googleオプティマイズでテストを実行

②勝利したパターンを本番のLPとして反映

③LPをヒートマップで分析し、次のテスト案を検討

④Googleオプティマイズでテストを実行 <small>(以降、繰り返し)</small>

オプティマイズでのテストを繰り返していくと、どこかで次の案が出てこなくて行き詰まってしまうタイミングが必ず訪れます。そのようなときに次のテスト案を発想するために活用するのが、ヒートマップとの上手な付き合い方です。<small>(辻井)</small>

4

ランディングページ

まとめ

> ヒートマップ分析のコツは、「なぜ熟読されているのか？」「なぜ離脱が多いのか？」といったWhyに注目することです。上手な付き合い方を覚えてください。

66

CVが少なくても
テストはできる

いかなるLPでもマイクロコンバージョンで解決

> LPから生まれるコンバージョンが少なく、テストの結果がなかなか出ないケースもあるでしょう。その場合はより手前のコンバージョンを見つけ、Googleアナリティクスやオプティマイズで設定してください。

「カート追加」や「入力フォーム表示」に注目

　高額商品やBtoBの商材を扱っているサイトでは、1日に何十件ものコンバージョンを獲得するのは難しいでしょう。そこで問題になるのが、A/Bテストの実施期間の長期化です。

　Googleオプティマイズのテストでは、勝者を決めるための基準として、Googleアナリティクスで設定されている［目標］、つまりコンバージョンを選択することになります。しかし、この件数が少ないと、テストの結果が明らかになるまでに時間がかかりがちです。コンバージョンが少ないことで、PDCAのサイクルも遅くなってしまうのは避けたいところです。

　このようなケースに該当する場合は、「マイクロコンバージョン」を活用しましょう。マイクロコンバージョンとは、最終的な成果となるコンバージョン（最終コンバージョン）の前に必ず発生するアクションのことを指します。例えば、ECサイトにおける「購入完了」が最終コンバージョンなら、「カート投入」がマイクロコンバージョンに当たります〔図表**66-1**〕。

サイトの種類	マイクロコンバージョン	最終コンバージョン
通販サイト	カート追加	購入完了
通販サイト（フォーム一体型LP）〈※1〉	フォーム入力開始	購入完了
BtoB	入力フォーム表示	問い合わせ
店舗紹介サイト	地図ページ表示	店舗来店

オプティマイズのカスタム目標ならGAに影響なし

　Googleアナリティクスでマイクロコンバージョンを目標として設定すれば、オプティマイズでもテストの目標として選択できるようになります。最終コンバージョンよりも多くの件数が発生するため、テストの結果が出るまでの期間を短縮できるはずです。

　ただ、Googleアナリティクスの環境を外部の制作会社や広告代理店と共有している場合、オプティマイズでのテスト目的で設定したマイクロコンバージョンを目標として登録すると、事情を知らない人が見たときに混乱を招く可能性があります。その場合は、オプティマイズのテスト設定画面で［カスタム目標］を作成し、それをマイクロコンバージョンとする方法がおすすめです。オプティマイズのカスタム目標は、オプティマイズ内で完結するコンバージョン設定のため、Googleアナリティクスには影響がありません。

　なお、マイクロコンバージョンを設定するにあたっては、「そのアクションが増えれば最終コンバージョンも増える」という因果関係が成立していないと無意味です。この因果関係が成立しているユーザー行動をマイクロコンバージョンにしましょう。(辻井)

4

ランディングページ

まとめ

「コンバージョンが少ないからテストができない」というのは言い訳になりません。マイクロコンバージョンを活用し、テストのサイクルを加速させましょう。

※1　フォーム一体型LP
商品の購入フォームが埋め込まれたランディングページ。「カート落ち」を減らせるメリットがあり、単品通販のECサイトでよく使われる。フォーム入力開始の計測には、JavaScriptまたはGoogleタグマネージャーによる実装が必要となる。

67
画像が少なくてもテストはできる

写真などの素材を集める方法はいくらでもある

> A/Bテストでありがちな悩みとして「パターンを作成するための素材が足りない」というものがありますが、工夫次第でどうにでもなるものです。ここで紹介するアイデアで解決できないか、検討してみてください。

素材不足もテストができない言い訳にはならない

バナーやLPの運用とA/Bテストを進めるうえで問題になりがちな点として、画像などの「素材不足」があります。素材集めの基本は既存のLPやWebサイトですが、数に限りがあるため、すぐに使い切ってしまうことが多いでしょう。

しかし、素材集めの方法は、実はたくさんあります。素材が不足しているから新しいテストができないというのは、もはや言い訳にもなりません。次に挙げる方法を参考に素材を絶えず収集し、継続的にテストを実施していきましょう。

カタログやパンフレットから流用

商品のカタログやパンフレットを別途作成しているケースがあるので、他部署やクライアントに確認しましょう。これらは素材のクオリティが高いことが多く、非常に重宝します。解像度を落とさずに使用できるようにするため、PhotoshopやIllustratorの編集データ（拡張子が.psdや.ai）を支給してもらいましょう。

素材サイトで購入

素材サイトやストックフォトサービスは無料版と有料版に分かれますが、バリエーションの豊富さや人物素材の数の観点から、有料版をおすすめします。中でも、日本人の人物素材が多く価格も安価な「PIXTA」(※1)、SNS映えする写真が豊富な「Snapmart」(※2)がおすすめです。

スマートフォンで撮影

昨今のスマートフォンのカメラは非常に優秀です。また、SNSは個人で撮影した写真のほうがユーザーの投稿になじむため、広告でも成果が出やすい傾向があります。商品を開封するときや使用中の場面など、ユーザーが「ワクワクする瞬間」「価値を感じる瞬間」「喜ぶ瞬間」などに焦点を当てるのがポイントです。

SNS投稿を利用

一定の認知がある商品であれば、InstagramやTwitterでUGCが発生していることがあります。広告での利用許諾を取るため、ユーザーに連絡してみましょう。すでに商品のファンになっている可能性も高く、快く対応してくれるケースが大半です。投稿への感謝を伝えることを忘れずにコンタクトをとってみてください。(辻井)

> **まとめ**
> SNSの投稿は、画像素材でなくてもクチコミとして貴重なコンテンツです。商品・サービス名でUGCが発生していないか、定期的にチェックするようにしましょう。

※1 PIXTA
https://pixta.jp/

※2 Snapmart
https://snapmart.jp/

68
次のアイデアが浮かばなくなったら?

広告運用者がアウトプットを生むための思考法

> コピーライティング、バナー作成、LP改善といったクリエイティブな作業には、常にアイデアが求められます。アイデアを枯渇させないために、筆者が日頃から意識しているテクニックや仕組みを紹介します。

ひとりでテスト案を出し続けるのは限界がある

広告運用者である私たちにとって、バナーやLPの運用とA/Bテストに終わりはありません。テストによって成果が改善していたとしても、もっと良いクリエイティブを生み出せる可能性があります。継続的に成果を改善するためには、継続的にテストを繰り返していくしかないのです。

しかし、ひとりで新しいアイデアを出し続けるには限界があります。アイデアに行き詰まったときの思考法を紹介しましょう。

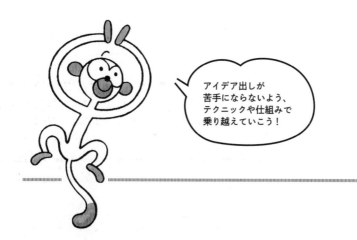

アイデア出しが
苦手にならないよう、
テクニックや仕組みで
乗り越えていこう!

SNSやWebメディアを頻繁に利用する

　自分自身がユーザーとして広告に触れる機会を増やしましょう。そこで気になったクリエイティブがあれば、スクリーンショットを撮るなどして保存しておきます。

　チームで運用しているのであれば、ビジネスチャットツールなどで気になったクリエイティブを共有するスレッドを作ると良いでしょう。特に、普段目にするバナーは男性と女性、年齢や地域によって異なるため、チームでの共有は非常に有効です。

チラシや看板などのオフライン広告からヒントを得る

　自宅に投函されたチラシをすぐに捨ててしまっていませんか？まったく異なる業界のチラシでも、参考にできる表現があるかもしれません。店頭のPOPや看板、電車内のつり革広告など、日常生活は新しいアイデアのヒントにあふれています。

流行を取り入れられないか検討する

　ミルクボーイがM-1グランプリで優勝したときは、おかんが何かを忘れるCMが増えました。劇場版『鬼滅の刃』が大ヒットしたときは、「○○の呼吸」を使うCMが増えました。

　そこまでやらないにしても、いま多くのユーザーの頭の中にある事柄を広告へとつなげることで、興味を持ってもらう確率を上げることができます。たとえ自分自身は興味がなかったとしても、流行に敏感でいることは、クリエイティブを考える際に必要なことだと思います。

あらためて原点から考える

　ひと通りアイデアを出し終わり、新しいアイデアを出し続けるフェーズに入ると、変化球ばかりでコントロールが悪くなってしまう時期がやってきます。あらためて直球勝負で基本に忠実に、ベネフィットから考えてみましょう。

過去にやってダメだったクリエイティブを再検討する

　市場や競合他社をはじめとした外部環境の変化、自社のプロダクトの成長などの要因によって、過去にうまくいかなかったクリエイティブでも、単純に再開するだけでうまくいくことがあります。過去のクリエイティブも定期的に検証することをおすすめします。

ペルソナに近い人と雑談する機会を作る

　誰かとの雑談の中で思わぬ気付きを得ることは多々あります。特に、自分と異なる年齢や性別の人との雑談はおすすめです。

　周りにそういった人がいない場合は、ターゲットとなるペルソナがよく読むような雑誌に目を通すことも有効です。言葉の使い方や表現方法など、参考になる部分が多いはずです。

UGCやユーザーレビューを定期的に確認する

　今この瞬間にも、自社商品の新しいUGCやユーザーレビューが出てきているかもしれません。SNSやレビューサイトなどを定期的にチェックし、クリエイティブのアイデアに生かしましょう。

アウトプットの時間を定例化する

　クリエイティブの案出しや作成といった作業は、「何時間かけたら必ず終わる」というものではありません。このような不明確さから、他の業務よりも後回しになりがちです。

　この対策として有効なのが、複数人でアイデアを出す会議を定例化してしまうことです。期限を設けることで強制的にアイデアが出るよう、仕組み化していきましょう。（辻井）

まとめ

バナーやLPの運用・テストを続ければ、ネット広告の成果は必ず好転していきます。アイデアが出なくなってもあきらめず、工夫をしながら続けていきましょう。

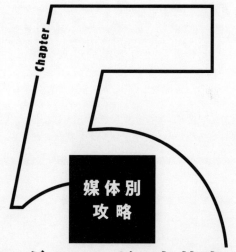

Chapter

5

媒体別
攻略

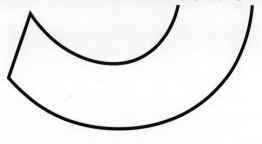

鉄板ターゲティングで高効率を狙え

69

媒体の特徴を生かした
ターゲティングが最善

初めて広告配信するときの基本的な考え方

これまでに作成したクリエイティブから最大限の効果
を引き出すには、広告媒体でのターゲティングの設定
が鍵を握ります。まず大前提としていえるのが、媒体
の強みを生かしたターゲティングをすることです。

それぞれの特徴や強みを理解するのが第一歩

本書で解説してきたバナーをクリエイティブとして使えるディス
プレイ広告の主要媒体としては、Google、Yahoo!、Facebook、
Instagram、Twitter、LINEがあります。本章では、各媒体の特徴を生
かしたターゲティング設定について述べていきます。

まず、効果が出るターゲティング設定とは「その広告媒体の強み
を生かした設定である」という考え方がベースとなります。例えば、
Facebook、Instagram、TwitterはSNSであるという特徴から、フォ
ローしているといった人間同士の結び付きや、ユーザーの投稿ワー
ドを活用したターゲティング設定が重要になります。

また、GoogleやYahoo!は検索エンジンを持っているため、検索し
たユーザーにターゲティングすれば、顕在層をより獲得しやすくな
ります。国民的メッセージングアプリであるLINEは、月間9,200万
人という圧倒的な利用者数の多さが強みです。

各媒体の特徴や強みを肌感覚で理解するため、いち利用者として
それぞれのサービスを定期的に使うことも意識してください。

過去のデータがない状態での自動ターゲティングは非推奨

　前述したいずれの媒体にも自動ターゲティング機能がありますが、最初から利用するとうまくいかないことが多いでしょう。なぜなら、媒体側の機械学習アルゴリズムは過去のデータを参考にしているので、アカウント内に過去のデータがなければ、結局は手探りでのターゲティングになってしまうからです。

　よって、広告媒体に自社のアカウントを作成したばかりで、そのアカウントから初めて広告配信するときには、広告運用者による手動でのターゲティング設定が基本となります。この成功確率を上げていくのが運用者の腕の見せどころなので、以降の節で解説するノウハウを参考に取り組んでください。

　各媒体のターゲティング設定にキーワードを使う場合、そのキーワードはさまざまな角度から集めますが、Google広告の［ツールと設定］→［プランニング］から利用できる［キーワードプランナー］は基礎知識として覚えておいてください。あるキーワードの類似キーワードや月間平均検索ボリュームなどを調べられます。(宝田)

Google広告のキーワードプランナー　［図表**69-1**］

キーワードでのターゲティングに参考になる情報が得られる

まとめ

広告を配信するにあたっては、各媒体の特徴や強みを生かしたターゲティング設定を心がけましょう。また、最初は自動設定を使わず、手動で始めるのが原則です。

5

媒体別攻略

70

GDNの初手は
コンテンツターゲット

指定語句に関連するコンテンツの閲覧者に広告配信

Googleのディスプレイ広告のターゲティングとしては、「キーワードによるコンテンツターゲット」が初回の設定として鉄板です。コンバージョンがある程度たまれば、機械学習による自動拡大も期待できます。

5つ程度のキーワードから始めて拡大を狙う

Google広告におけるディスプレイ広告の配信先となる「Googleディスプレイネットワーク」、通称「GDN」は、最も規模が大きくリーチ数も多いアドネットワークです。そのため、漫然と配信し始めると思いのほか広告予算を消化してしまい、CPA（獲得単価）が高くなってしまうことがあります。

その反面、成功したときのインパクトは計り知れません。バナーやLPが大切なのはもちろんですが、ターゲティング設定によっても費用対効果が大きく左右されるため、どちらも重要です。

Google広告でディスプレイ広告のキャンペーンを初めて開始するときは、「キーワードによるコンテンツターゲット」によるターゲティング設定がおすすめです。GDNに含まれるWebサイトやYouTubeなどにおいて、指定したキーワードに関連するコンテンツを閲覧しているユーザーに広告を表示できます。

最初から数多くのキーワードを登録する必要はなく、目安として5つ程度で十分です〔図表**70-1**〕。その5つの選定方法としては、売りたい

商品の価値に関するキーワード、かつ、よりメジャーなキーワードであることが望ましいです。バナーやLPのキャッチコピーで使っている語句が参考になると思います。そして、効果を確認しながら徐々に追加していきましょう。

　広告配信を始めたあと、コンバージョンの件数をある程度ためることに成功すれば、［最適化されたターゲティング］という機能により、自動的にターゲティングが拡大されます〔図表70-2〕。この機能は蓄積されたデータから、Googleの機械学習によってコンバージョンに至る可能性が高いと判断されたユーザーへと広告のターゲットを広げるもので、その状態にまで持っていければ、低いCPAでコンバージョンをどんどん増やすことができるでしょう。

キャンペーン作成時のターゲティング設定〔図表**70-1**〕

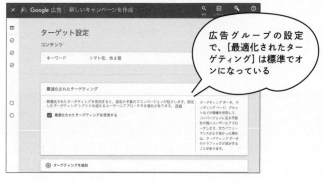

広告グループのターゲティング設定〔図表**70-2**〕

媒体別攻略

アプリ面やペルソナとかけ離れたサイトは除外しておく

　GDNのターゲティング設定では、除外したほうがよいものもあります。例えば、初期段階ではスマートフォンのアプリ面への配信は、費用対効果の観点から避けることをおすすめします。

　アプリ面を除外するには、広告グループのターゲティング設定で［除外プレースメント］を設定します。以下の画面のようにプレースメントの入力画面から「mobileappcategory::69500」を追加すると、「All Apps」が除外対象として指定されます〔図表**70-3**〕。コンバージョンが安定したら、アプリ面を解放しても構いません。

　Google広告のレポート画面では、広告が実際に表示された配信面を確認できます。海外のサイトやペルソナとかけ離れたサイトが含まれている場合は、こまめに除外しておくと良いでしょう。(宝田)

除外プレースメントの編集画面〔図表**70-3**〕

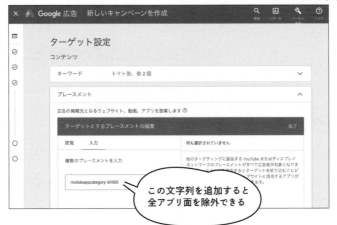

この文字列を追加すると
全アプリ面を除外できる

まとめ

Googleが推奨しているのは後述する「P-MAXキャンペーン」ですが、ターゲティングのテストは困難です。手動のコンテンツターゲットから始めましょう。

71
GDNのキーワードも高速運用せよ

キーワードごとに入札に強弱をつけてCPAを下げる

> キーワードによるコンテンツターゲットでは、当然な
> がらキーワードの選定が重要になります。キーワード
> もクリエイティブと同様に、配信状態にあわせて入れ
> 替えや調整をしていく運用の考え方が大切です。

ターゲティングのキーワードを3つの視点で分類

　GDNのキャンペーンでキーワードによるコンテンツターゲットを
開始したあと、コンバージョンを獲得できているものの、CPA（獲得単
価）があわず期待した費用対効果を得られていない場合もあるでしょ
う。その場合、ここで紹介するキーワードを「運用」する考え方で取
り組むと、成功に近づくことができるはずです。

　まず、キーワードを洗い出します。前節では商品の価値に関する
キーワードを、バナーやLPを参考に発想すると述べましたが、筆者
はLPから拾ってくることが多いです。効果の良いキャッチコピーが
あれば、そこにヒントがあるかもしれません。

　ある程度キーワードが揃ったら、「顕在ワード」「顕在ワードとビッ
グワードの掛け合わせ」「ビッグワード」の3つのグループに分けま
す。顕在ワードは商品の名前や特徴に直結する語句で、ビックワー
ドはターゲット想定リーチ数の多い語句、という意味です。想定
リーチ数の多い語句は、キーワードプランナーの月間平均検索ボ
リュームから調べてみましょう（P.213）。

分類したキーワードで上限クリック単価を変化させる

　先ほどグルーピングしたキーワードを登録したターゲティングで
キャンペーンを開始したら、今度はグループごとに上限クリック単
価を変えて入札します。下図は「トマト缶」を想定した例ですが、顕
在ワードは100円、顕在ワードとビッグワードの掛け合わせは50
円、ビッグワードは20円、といった具合です〔図表71-1〕。

グルーピングしたキーワード〔図表**71-1**〕

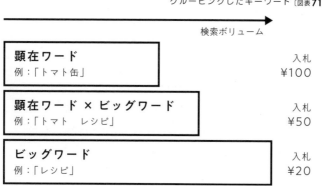

検索ボリューム

顕在ワード 例：「トマト缶」	入札 ¥100
顕在ワード × ビッグワード 例：「トマト　レシピ」	入札 ¥50
ビッグワード 例：「レシピ」	入札 ¥20

　このようにキーワードごとに入札の強弱をつけることで、期待す
るCPAに近づけられる可能性が高まります。キーワードごとの上限
クリック単価の設定は、以下の実施手順のように広告グループの
［設定］画面とキーワードの一覧画面で行ってください。

実施手順

① Google広告の管理画面でディスプレイ広告の広告グループを選択
　し、左側のメニューにある［設定］をクリックする。
② ［個別入札単価とURLの設定］で［キーワード］を選択する。
③ 広告グループの左側のメニューにある［コンテンツ］→［ディスプレ
　イ/動画のキーワード］をクリックする。
④ キーワードの［上限クリック単価］列にあるセルをクリックし、上限
　クリック単価を変更する〔図表**71-2**〕。

キーワードごとに上限クリック単価を設定する

獲得できた配信面やトレンドから新しいキーワードを探す

　ここまでの設定が完了したら、広告配信を続けてコンバージョンの獲得を待ちます。そして、どの配信面で獲得できたのかを確認しましょう。獲得できた配信面がどのようなWebサイトなのかを確認することで、そのサイトから新しいキーワードを発見できる可能性があります。「これは！」と思うキーワードが見つかったら、ターゲティングに追加して運用を続けていきます。

　キーワードの追加にあたっては、世の中のトレンドに対して常にアンテナを張っておくことも重要です。例えば、以前に「ある乳酸菌飲料を飲んだら寝つきが良くなった」という話題が盛り上がったことがありました。このようなとき、その商品名をキーワードにすることで、話題に関連したニュース記事への広告配信が可能になります。トレンドにいち早く気付けば、競合が少ない状態で話題に乗った配信ができるため、CPAを抑えつつ拡大できるチャンスです。

　このように、獲得できた配信面とトレンドからキーワードを模索することを少なくとも週に1回は行い、キーワードの追加・削除を繰り返しましょう。キーワードもクリエイティブと同様に、仮説検証を繰り返すことで効果に直結するものです。(宝田)

5

媒体別攻略

まとめ

ターゲティングのキーワード設定にも運用の考え方が必要です。入札に強弱をつけて費用対効果を改善し、獲得配信面やトレンドからもキーワードを発見しましょう。

72

YDAはYahoo面と
サーチキーワードが鉄板

巨大ポータルサイトのトップページを配信面に

「スマホを手にしたら、とりあえずYahoo!ニュース」
という人もいるほど、根強い人気があるのがYahoo!
です。実際、Yahoo面は強力で、サーチキーワード
の活用で検索広告並みのCPAを狙うことも可能です。

Yahoo面とそれ以外では購入率に差がつく

「YDA」(Yahoo Display Ads) は、Yahoo!広告のディスプレイネットワークです。Yahoo! JAPANのトップページやYahoo!ニュース、Yahoo!天気をはじめとしたYahoo面に加え、朝日新聞デジタル、東洋経済オンラインなどの提携Webサイトを配信面として持ちます(※1)。また、Yahoo! JAPAN IDに基づいた高精度のターゲティングが行えるのも特徴です。

YDAでの広告配信を開始するときは、プレースメント、つまり配信面でのターゲティング設定をおすすめします。筆者の経験に基づけば、Yahoo面とそれ以外の面ではCVRに差があり、Yahoo面のほうが高いことが多いという認識です。よって、最初はYahoo面にプレースメントを絞って配信することをおすすめします。

また、Yahoo面の中でも、Yahoo!ニュース面の「news.yahoo.co.jp」とYahoo! JAPANトップページの「m.yahoo.co.jp」では、商品やクリエイティブとの相性でCPAが異なります。それぞれの効果を計測し、入札を調整しましょう。

※1　Yahoo!広告の掲載メディア
https://marketing.yahoo.co.jp/service/yahooads/adnetwork_partner_list/

サーチキーワードターゲティングは顕在層が狙える

　YDA特有の機能に「サーチキーワードターゲティング」があります。これはサーチキーワードリストを作成・設定することで、そのキーワードを過去に検索したユーザーを特定し、ディスプレイ広告を配信する機能です〔図表72-1〕。キーワードの検索回数や、検索期間を指定した絞り込みも可能になっています。

　ディスプレイ広告はどうしても潜在層向けとなり、CPAが高くなりがちな印象を持つ人は多いと思いますが、サーチキーワードターゲティングをうまく活用すれば、検索広告と同じレベルのCPAを狙うことも難しくはありません。

　このターゲティングにおけるキーワード選定については、検索広告でコンバージョンの件数、およびCPAが良いものから登録していくのがコツです。サーチキーワードリストは複数作成できるので、潜在層向け・顕在層向けなどでキーワードを分類したうえで登録し、それぞれの入札価格を調整すると良いでしょう。（宝田）

サーチキーワードリストの作成画面〔図表**72-1**〕

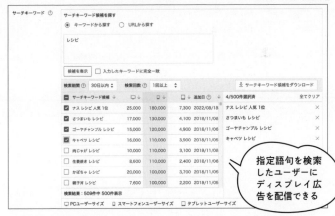

指定語句を検索
したユーザーに
ディスプレイ広
告を配信できる

> **まとめ**
> YDAは、Yahoo面をプレースメントとして指定したうえで配信をスタートしましょう。サーチキーワードもCPAを抑えた獲得が狙える良いターゲティングです。

73

Facebook/Instagramは
類似が優秀

さまざまなソースで「類似オーディエンス」を試す

Meta社の広告媒体において強力なターゲティング設
定といえば、「類似オーディエンス」が筆頭に挙がり
ます。自社サイトの既訪問者や顧客と属性などが共通
するユーザーを、高い精度でターゲットにできます。

ターゲティング精度の高さが魅力の主力媒体

Facebook広告とInstagram広告は、Meta社が提供するビジネス
ユーザー向けの管理画面「Meta Business Suite」から配信が可能で
す。Meta Business SuiteはFacebookページやInstagramショッピング
などと統合された管理画面となっており、このメニューの1つから
［広告］を選択して設定を行います。

2022年9月現在での日本国内における月間アクティブユーザー数
は、Facebookが2,600万人、Instagramが3,300万人となっており、
次節で扱うTwitterの4,500万人を下回っています。しかし、運用型
ネット広告の媒体としては、長らく主力媒体として君臨し続けてい
ます。その理由は「広告配信面の質の良さ」と「ターゲティング精度
の高さ」だと筆者は考えています。

サイト訪問者や既存顧客に似ているユーザーを配信対象に

特に、ターゲティング精度の高さを象徴する機能として「類似
オーディエンス」が挙げられます。類似オーディエンスとは、サイト

訪問者や既存顧客など、ソースとなるオーディエンス(※1)のリストを指定することで、そのリストと属性（年齢・性別など）や趣味・嗜好が類似しているユーザーを機械学習によってFacebook内で特定し、広告の配信対象とする機能です。

　類似オーディエンスと似た機能は他の広告媒体にも存在しますが、精度がイマイチであることが多いです。なぜFacebookでは精度が高いのかといえば、生年月日や性別などをユーザー自身が必須項目として入力するという、SNSとしての特徴があるからでしょう。

　また、Facebookでは詳細プロフィールとして、所属企業や出身校、既婚・独身などの情報も多くのユーザーが入力しています。それらの情報をもとにオーディエンスリストと類似しているかを判断できるため、Facebookの類似オーディエンスは精度が高いのです。

1つではなく複数のソースを試して効果を検証

　類似オーディエンスのソースは、LPがあるWebサイトに設置したピクセルタグから作成する方法と、顧客のメールアドレスなどをまとめたCSVファイルをアップロードする方法の、大きく2通りがあります。オーディエンスの数は1,000〜50,000人が推奨で、最低100人から設定ができます〔図表**73-1**〕。

類似オーディエンスの作成画面　〔図表**73-1**〕

※1　オーディエンス
広告の配信対象（ターゲット）
となるユーザーのこと。

類似オーディエンスを活用するポイントは、1つのソースではなく複数のソースを試すことです。類似オーディエンスの精度が高いとはいえ、たった1つのソースから作成したものだけでは、自社に最適なユーザーにアプローチしきれるとは思えません。

　下図のようにさまざまな角度のソースから類似オーディエンスを作成し、それらを対象に広告配信を行ってみて、効果を検証することをおすすめします〔図表73-2〕。そうすることで同一のユーザーばかりに広告を配信してしまうことも防げるため、成果の悪化も避けられるでしょう。（辻井）

さまざまなソースの例　〔図表**73-2**〕

 Webサイトのピクセルタグ

 顧客のメールアドレスなど

・購入済みのユーザー
・直近で訪問したユーザー
・自社メディアサイトなどの訪問ユーザー

・ピクセルタグを設置する前の購入ユーザー
・高 LTV ユーザー
・高 ROAS〈※2〉ユーザー

 類似オーディエンス

さまざまなソースから類似オーディエンスを作成して効果を検証

> **まとめ**
>
> Facebook/Instagram広告の類似オーディエンスは、精度の高さが魅力です。サイト訪問者や既存顧客の中でも、複数の切り口をソースにして試してみましょう。

※2　ROAS
「Return on Advertising Spend」の略。「広告費用対効果」を意味し、広告経由で発生した売上額を広告費で割ることで算出する。

74

Twitterは独自機能の使いこなしが鍵

キーワード＆フォロワーターゲのアイデアを練る

> 4,500万人の月間アクティブユーザーがいるTwitterでは、指定語句を含む検索・ツイートをしている人や、特定アカウントのフォロワーへのターゲティングが特徴です。両者の併用も高い効果が期待できます。

ターゲティング精度は低いが工夫次第で成果を伸ばせる

　Twitterの月間アクティブユーザー数はFacebookやInstagramを上回っており、日常的に多くのユーザーが利用しているSNSであることは間違いありません。しかし、Twitterは匿名での登録が多く、1ユーザーが複数のアカウントを持っているケースも多々あるため、広告のターゲティング精度は他媒体と比べて高くありません。

　こうした特徴があるTwitter広告でおすすめのターゲティングは、「キーワードターゲティング」と「フォロワーターゲティング」の2つです。いずれもTwitterならではのターゲティング設定であり、工夫次第で他媒体に勝る成果を狙うことも可能です。

特定のキーワードを含む検索・ツイート・いいねを狙う

　1つ目のキーワードターゲティングは、Twitterにおいて指定したキーワードを検索・ツイートしている人、または指定したキーワードが含まれるツイートにいいねなどをしている人を対象に、広告を配信できる機能です。

広告で宣伝したい商品のジャンル名や成分名などはもちろんですが、ツイートの内容を意識し、口語でキーワードを登録をすることで潜在層を狙えるのが特徴です。例えば、睡眠の質を高めるサプリの広告を配信する場合、「睡眠サプリ」だけでなく「眠れない」「寝たい」といった口語のキーワードを狙います。

　キーワードターゲティングはデフォルトで「部分一致」が設定されるため、口語すべてをもれなく登録する必要はありませんが、どのような口語がツイートされているかを想像しながらキーワードを登録することが重要です。

　Twitterでは、こうした悩みや願望をそのままツイートするユーザーが数多くいるため、いくつかのキーワードを登録するだけで、十分なボリュームでの配信が可能です〔図表74-1〕。ただ、ユーザー自身のツイートだけでなく、いいねなどをしているツイートも対象となるため、キーワードを広げすぎないように注意しましょう。

キーワードターゲティングの設定画面　〔図表74-1〕

キーワードを指定すると、想定される配信ボリュームを確認できる

口語のキーワードは
よく頭をひねって
考える必要があるね

特定アカウントのフォロワーにターゲティング

2つ目のフォロワーターゲティングは、特定のユーザーアカウントを指定することで、そのアカウントをフォローしている人と、フォローしている人に興味関心が似ている人を対象に、広告を配信できる機能です〔図表74-2〕。

キーワードターゲティングでも潜在的にニーズがあるユーザーを狙うことは可能ですが、フォロワーターゲティングとの併用により、さらにターゲティングユーザーを充足できます。例えば、カラーコンタクトレンズを宣伝する場合、キーワードターゲティングで「カラコン」を登録しつつ、フォロワーターゲティングでコスプレイベント系などのアカウントを狙う、といった方法が考えられるでしょう。

Twitter広告では、このような独自のターゲティングをどう使いこなすかによって成果が大きく変わるため、キーワードやアカウントの選定が腕の見せどころとなります。ひとりでアイデアを出すには限界があるので、複数人でブレストして案を出し、有効なターゲティングを見つけていくことをおすすめします。(辻井)

フォロワーターゲティングの設定画面　〔図表74-2〕

特定アカウントの
フォロワーに配信
できる

まとめ

Twitter広告特有のターゲティングは、工夫次第で成果が大きく変わります。他の運用者には思いつかないような案で差をつけることができないか、考えてみましょう。

75
LINEはトークリストと ニュース面に注力

他SNSではリーチできないユーザーにアプローチ

広告媒体としては後発ながら、圧倒的なユーザー数を背景に伸びているのがLINE広告です。中でもインプレッション比率が高い2つの配信面に注力し、クリエイティブを繰り返し検証するのが成功への近道です。

月間利用者数9,200万人の巨大プラットフォーム

Facebook、Instagram、Twitterをもしのぐ、巨大なコミュニケーションプラットフォームがLINEです。日本の総人口のうち約70%が利用しており、2022年7月の調査によると、普段スマートフォンで見るSNSがLINEのみと回答した人は41.2%にも上ります。

LINE広告は膨大な数のユーザーにリーチできる媒体であるため、ヒットしたときのインパクトは驚くべきものになります。しかし、運用型広告としての歴史は浅く、ターゲティングの精度はFacebook/Instagram広告などに比べて発展途上な印象です。そのため、他媒体以上にクリエイティブの検証が重要となります。

一方、自動入札による最適化機能は優秀です。最適化に必要なコンバージョン数は40件となるため、いかに目標CPA内でCV数40件を獲得できるクリエイティブを生み出せるかが勝負といえます。

トークリストとLINE NEWSの攻略に注力

LINE広告には14種類の配信面がありますが、注力すべきはトーク

リストと LINE NEWS です。LINE社の公式データ（2022年3月時点）を参照すると、LINE広告全体のインプレッションのうち、トークリストは53.5%、LINE NEWS は40.9%と、この2つの配信面で90%以上を占めていることが分かります。続く LINE VOOM（旧タイムライン）は5.3%と、他の配信面を圧倒的に引き離しています。

　また、トークリストと LINE NEWS を攻略するにあたって重要なのが、画像サイズです。LINE広告には7つのクリエイティブの種類が存在しますが、静止画に限ると以下の4種類となります。

- Card　　　　　　1200 × 628
- Square　　　　　1080 × 1080
- Carousel　　　　1080 × 1080
- Small Image　　 600 × 400

　このうち「Card」はすべての配信面に対応しているメリットがありますが、トークリストと LINE NEWS で表示の大きさがまったく異なるという注意点があります。そのため、トークリストへの表示を狙ううえでは「Small Image」の登録が重要です。

　Small Image は小さな文字がほぼ読めないため、インパクトのある画像のみにする、逆に大きな文字のみにするといった工夫が必要ですが、トークリストは最もインプレッションが多い配信面となるため、外せません。この Small Image のクリエイティブを何本も繰り返し検証していくことが、LINE広告を攻略する鍵となります。（辻井）

5

媒体別攻略

> **まとめ**
>
> LINE広告はクリエイティブの検証に非常に労力がかかりますが、当たるとそれを上回るインパクトがあります。あきらめずに取り組む覚悟を持って挑みましょう。

76

P-MAXキャンペーンで機会損失を防ぐ

Googleの機械学習をフル稼働させて成果を上積み

近年のネット広告におけるターゲティングの自動化を象徴するような機能として、Google広告のP-MAXがあります。手動運用をメインにしつつも、自動ターゲティングとうまく付き合う方法を模索しましょう。

Googleが持つすべての広告枠へ自動で配信

Google広告のキャンペーン作成画面に［P-MAX］という選択肢があるのをご存じでしょうか〔図表76-1〕。P-MAXとは、検索やディスプレイ、YouTube、Gmail、Googleマップなど、Google広告が持つあらゆる配信面に広告を表示し、多様なサービスのユーザーにリーチできるキャンペーンです。

2021年にスタートした比較的新しい広告プロダクトで、英語では「Performance Max Campaigns」と呼びます。P-MAXキャンペーンには広告グループがなく、「アセットグループ」にキャッチコピーやバナーなどのクリエイティブと、ターゲティングのもとになる「オーディエンスシグナル」を設定します。

アセットは本来、企業の資産や経営資源のことを意味しますが、デジタルマーケティングにおいては自社が持つ商品の情報やコンテンツ、顧客リストなどを指します。P-MAXのアセットグループに画像や動画、広告の見出し、説明文などを登録することで、配信面にあわせた広告が自動的に生成され、表示される仕組みです。

また、オーディエンスシグナルには、ユーザーの属性や興味関心のほか、自社サイトの既訪問者や顧客リストなどのデータを指定できます。といっても、P-MAXのターゲティングは自動化されており、指定したオーディエンス以外にも広告を表示するので、Googleの機械学習に与える参考データという側面が強くなっています。

Google広告のキャンペーン作成画面〔図表**76-1**〕

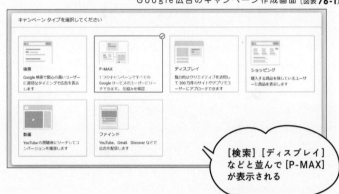

[検索] [ディスプレイ] などと並んで [P-MAX] が表示される

手動をメインで運用しつつ、自動化で機会損失を防ぐ

　P-MAXキャンペーンの良い点は、手動では思いつかないような検索キーワードや、ディスプレイ広告のターゲティングでコンバージョンを獲得できることにあります。

　また、YouTube広告にチャレンジしたいが別途キャンペーンを作成するほどでもない、もしくは以前にトライしたがCPAがあわなかったなど、新規の配信やうまくいかなかった広告枠への配信に取り組むハードルを下げてくれるのもメリットだと思います。

　Google広告のキャンペーンのうち、手動でターゲティング設定をしている検索とディスプレイをメインで運用しつつ、P-MAXも並行して走らせて、自動ターゲティングの検索とディスプレイ、さらにはYouTube、Gmailといった配信面からもロングテールにコンバージョンを獲得する――。本書執筆時点では、このようなキャンペーンの組み合わせがベストではないかと思います。

「なぜ良かったのか？」を検証することは難しい

　しかし、P-MAXキャンペーンにもデメリットはあります。その大部分がGoogleの機械学習によって自動化されているため、「こう設定したからこうなった」という因果関係を検証しにくい点です。

　通常のキャンペーンでは広告グループや広告ごとに、費用やコンバージョンなどの数値が表示されますが、P-MAXでは1つのキャンペーンという括りでしか確認できません。どの検索キーワードやターゲティング設定、クリエイティブで、どれだけの費用を使い、CPAはいくらだったのか、といったことが分からないのです。

　ただ、P-MAXは以前からある「スマートディスプレイキャンペーン」のような、クリエイティブの生成からターゲティングの設定までの大半をGoogleに委ねる運用方法の進化版です。スマートフォンアプリを宣伝するアプリキャンペーン[※1]にも手動でのターゲティングはなく、今後こうした動きが進むのは必然といえます。単にデメリットと受け止めるよりも、これからうまく付き合うにはどうしたらいいのかを考えるほうが建設的でしょう。

　P-MAXの自動化機能を最大限活用するために広告運用者ができることは、より多くのクリエイティブを用意することです。また、筆者の経験上、P-MAXでは通常のキャンペーンで目標としているCPAよりも低めの金額を目標コンバージョン単価に設定することで、バランスのとれた配信が可能になると考えています。

　ターゲティングの自動化がいっそう進んだ未来がやってくるとしても、良いクリエイティブを作成できる力さえあれば、競合優位性は保てるはずです。引き続き、刃を研いでいきましょう。（宝田）

まとめ

P-MAXキャンペーンはほぼ全自動化されている反面、効果の検証ができません。機械学習をフル稼働させることに注力し、多種多様なクリエイティブを入稿しましょう。

※1　アプリキャンペーン
キャンペーン目標で［アプリのプロモーション］を選択する
と作成できる。旧称はUAC（Universal App Campaigns）。

77

GoogleのAIのために運用者がすべきこと

手動から自動へスムーズに移行する8のテクニック

> 広告媒体が持つ機械学習の機能を最大限働かせるために、広告運用者が実施すべきことを振り返ります。これらをポイントとして押さえながら、今後もより良いクリエイティブの開発に力を注いでいきましょう。

たき火の薪に火を点けるまでが手動運用

　本書では全体を通して、ターゲティングは最初の段階では手動で行い、安定的に成果が出るようになったら自動化に移行する、という説明をしてきました。自動入札を助けるために手動運用でデータをためておく、という表現のほうが正しいかもしれません。

　そのような意味では、手動運用は自動入札へとバトンをつなぐためのステップに過ぎません。たき火に例えると、薪に火を点けるまでが手動運用で、その火を大きくしていく過程が自動入札、とでもいえるでしょうか。自動化が進むGoogle広告において、私たちが管理画面で行う設定は着火剤のようなものです。いかに良いデータを与え、AIの学びを効率化させるかが成功への近道になります。

　締めくくりとなる本節では、Google広告の自動入札を軌道に乗せるために、広告運用者が意識しておきたい項目を列記します。すべてをクリアする必要はありませんが、より高い成果を目指すためのヒントになるはずです。Googleの機械学習をうまく働かせるための環境を作ることも、運用者の仕事と心得ましょう。

自 動 入 札 へ の 移 行 前 に す べ き こ と

最適化されたターゲティングをオフにする

　広告グループの［最適化されたターゲティング］はデフォルトでオンですが (P.215)、自動入札前にはオフにしておくことをおすすめします。まずは手動で狙ったターゲットのみで勝負しましょう。

除外プレースメントを設定する

　初期から費用対効果が悪化することを避けるため、アプリ面やペルソナとかけ離れたサイトは除外しておきます (P.216)。

低いCPAでのコンバージョン獲得を目指す

　コンバージョンの蓄積が十分でない段階で自動入札に移行してもうまくいくことはありますが、最初のCPAは高くなりがちです。また、CPAが高い状態で多数のコンバージョンを集めても、自動入札でCPAを下げるのは難しいといえます。

　まずは少なくてもいいので、手動入札で低いCPAでの獲得を目指してください。コンバージョンの件数を稼ぐため、マイクロコンバージョンを設定するのもおすすめです (P.204)。

自 動 入 札 へ の 移 行 時 に す べ き こ と

初期設定の目標コンバージョン単価を下げすぎない

　自動入札時に設定する目標コンバージョン単価は、手動運用時のCPAと同様、もしくは2割引き程度で設定すると、満足のいく成果になる実感があります。

自 動 入 札 へ の 移 行 後 に す べ き こ と

日予算の上限に達しないようにする

　日中での広告配信によって日予算が底を突いてしまうと、深夜はコンバージョンが発生しなくなり、データの蓄積が止まってしまい

ます。これはAIに誤った学習をさせることにつながります。予算をコントロールしたい場合は日予算を下げるのではなく、目標コンバージョン単価を下げましょう。

最適化されたターゲティングをオンにする

手動運用ではオフにしていた［最適化されたターゲティング］をオンに戻します。手動では思いつかなかったようなキーワードへの拡大ができ、うまくいけばこの機能によるターゲティングが9割近くを占めるようになります。

より拡大を求めるならば、最適化されたターゲティングにも新しい情報が必要ですが、適当にキーワードを追加すると自動入札が崩れてしまいます。追加したキーワードのCPAが高くなってないかを常にチェックし、場合によっては停止処理も行いましょう。

広告サイズをすべて網羅する

バナーをリサイズする、レスポンシブ広告に素材を登録するなど、Google広告で入稿可能なすべての広告サイズへの入稿を目指しましょう。配信面がさらに広がります。

直近7日間のCPAで目標コンバージョン単価を調整する

筆者の感覚では、自動入札は直近7日間のCPAに重きを置いているようです。この期間でのCPAが安すぎる場合は、目標コンバージョン単価も下げて問題ありません。CPAが高すぎる場合は、可能な限り許容しつつ様子を見ます。目標コンバージョン単価を大幅に上げ下げすると再学習がかかり、一時的にCPAが荒れることがあるので、20%の範囲内での変動に抑えるようにしましょう。（宝田）

> **まとめ**
> 広告運用者は、そのリソースの大半をクリエイティブに注ぎつつも、自動入札を最大限働かせることにも気を配るべきです。両者のバランスをうまくとってください。

あとがき

　ネット広告の面白さは、クリエイティブとターゲティングがバチっとかみ合えば、爆発的に商品の購入数を伸ばし、かつCPAを改善してコストを抑えられる点だと思います。その影響範囲は広告運用の成果に留まらず、売上や営業利益にも直結するため、ビジネスに大きなインパクトを与えることができます。

　一方で、自動化によってターゲティングの設定ができない未来が近づいており、クリエイティブの重要性がさらに増しています。本書には、私たちが多くの予算と時間をかけて実験し、成功と失敗の繰り返しから得たクリエイティブのノウハウを詰め込みました。これらの"打ち手"を参考にすれば、ムダな予算や時間をかけずに、80点くらいには持っていけるのではないかと思います。

　しかし、そこから100点満点に持っていく方法となると、私にも分からないことだらけです。ネット広告は数万人ものユーザーに届くものであり、その数万人の気持ちを理解しようとすれば、奥が深く、難易度が高いのは当然です。広告運用は対人関係と似ていて、他人の気持ちが分からなかったり、妻の気持ちが分からなかったりすることと近いのかもしれません。

　効果の良いクリエイティブを生み出すことは、ユーザーひとりひとりの気持ちを正確に理解することと直結していると思います。本書でお伝えした「型」を超えて、ユーザーの気持ちを理解し、そのユーザーが求めている表現ができれば、100点満点のクリエイティブを生み出せると信じています。

　最後に、バナーやLPの事例掲載にあたって全面的にご協力いただいたベースフード株式会社のみなさま、本当にありがとうございました。齋藤竜太さん、白川美穂さんのご理解があったからこそ、この企画を実現させることができました。また、多数のバナーを制作いただいたデザイナーの青木健太郎さん、吉崎あかりさん、編集の小渕隆和さんにも、この場を借りて感謝を申し上げます。

2022年10月　宝田 大樹

辻井 良太(つじい りょうた)　CRAFT株式会社 代表取締役

株式会社ロックオン（現・株式会社イルグルム）にてリスティング広告自動入札ツールの導入・コンサルティング業務を経験後、2013年にアナグラム株式会社へ入社。検索連動型広告の設計・運用をはじめ、GDN、YDNを中心としたディスプレイ広告の運用により、数々の通販企業の売上アップに貢献する。2016年3月、運用型広告の職人集団・CRAFT株式会社を設立。

宝田 大樹(たからだ ひろき)　CRAFT株式会社 取締役・コンサルタント

2012年、株式会社VOYAGE GROUP（現・株式会社CARTA HOLDINGS）に入社。会員メディア事業を担当し、インハウスマーケティング業務を経験。その経験を幅広い事業に展開したい思いから、2017年よりCRAFT株式会社に役員として参画。クリエイティブの企画・制作を中心とした広告運用業務を担当。「1impもムダにしない」という信条のもと、毎日途切れさせずにA/Bテストを実施中。

カバーデザイン	吉岡秀典＋飯村大樹（セプテンバーカウボーイ）
本文フォーマットデザイン	吉岡秀典＋飯村大樹（セプテンバーカウボーイ）
本文イラスト	大森 純（fancomi）
DTP制作・校正	株式会社トップスタジオ
デザイン制作室	今津幸弘 <imazu@impress.co.jp>
	鈴木 薫 <suzu-kao@impress.co.jp>
編 集 長	小渕隆和 <obuchi@impress.co.jp>

DEKIRU
05
MARKETING Bible

ネット広告クリエイティブ "打ち手"大全

広告運用者が知るべきバナー＆LP制作　最強の戦略77
（できる Marketing Bible）

2022年11月11日　初版発行
2024年8月11日　第1版第4刷発行

著者　　辻井良太・宝田大樹
発行人　小川亨
編集人　高橋隆志
発行所　株式会社インプレス
　　　　〒101-0051
　　　　東京都千代田区神田神保町1丁目105番地
　　　　ホームページ　https://book.impress.co.jp
印刷所　株式会社暁印刷

Printed in Japan ／ Copyright © 2022
Craft Inc. All rights reserved.

ISBN978-4-295-01527-7 C0034